LES MAMANS TESTENT

Des trucs pour les nains... Mais pas que !

PAR MARIE PERARNAU

ILLUSTRATIONS : **CHLOÉ PERARNAU**
PHOTOS : **ANTOINE VANOVERSCHELDE**

CHÊNE

SOMMAIRE

À lire avant tout achat compulsif

INTRODUCTION

Si vous lisez ces quelques lignes, c'est que vous avez été vraisemblablement appâté(e) par le titre (alléchant, j'en conviens) de cet ouvrage… Sans vouloir m'avancer trop loin dans la déduction, vous êtes probablement un parent qui compulsez à la hâte (car votre adorable nain commence à s'agacer dans sa poussette) les quelques livres du rayon « Vie pratique », en espérant trouver un outil pédagogique adapté à votre nouvelle situation familiale. Ne mentez pas, je vous ai vu feuilleter « Aider son nain à faire une nuit complète » ainsi que le tout nouveau « Faire obéir son nain sans lui hurler dessus comme un putois ».

Je ne vous juge pas, je fais exactement comme vous. Je vous comprends même. En effet, depuis que vous êtes parent, votre vie vous échappe, votre sommeil est bouleversé, vous avez du mal à gérer vos nouvelles responsabilités, vous êtes souvent au bord du craquage nerveux et vous vous demandez comment font les autres pour avoir l'air si épanoui, si calme, si parfait.

Ne vous leurrez pas, ils font juste semblant d'aller bien. Au fond, ils sont comme vous. Fatigués, vaseux, flapis, levés depuis 6 h 28 et angoissés à l'idée que la journée de demain ressemblera furieusement à celle d'aujourd'hui.

Et, en même temps, pour rien au monde, ils ne reviendraient en arrière car ceux dont ils se plaignent le plus souvent sont aussi ceux qui leur apportent le plus grand des bonheurs.

Cela dit, comme il n'est pas dans mes habitudes d'arnaquer le parent cerné et prêt à tout pour s'en sortir, je vous propose de faire ce petit test avant d'emporter votre achat en caisse.

Cochez mentalement les cases suivantes (ou avec un vrai stylo si ce livre est un cadeau) si vous estimez que la phrase vous correspond. À la fin de ce test, un petit bilan vous permettra de savoir si vous pouvez investir dans cet ouvrage salvateur.

❑ Si vous parlez de vous à la troisième personne, du genre : *« Maman n'est pas contente », « Maman est fatiguée »,* ou encore *« Papa aimerait bien que tu baisses d'un ton. »*

❑ Si vous avez toujours une trace de quelque chose sur vos vêtements (morve, lait, chocolat) et que vous vous en rendez compte arrivé(e) au boulot.

❑ Si vous trouvez que 8 h 30 c'est une grasse matinée, finalement.

❑ Si vous ne vous rendez plus jamais seul(e) aux toilettes mais plutôt accompagné(e) d'éléments courts sur pattes qui voudraient bien lire une histoire sur vos genoux ou prendre votre place.

❑ Si vous avez tenté de vous rendre seul(e) aux toilettes en fermant la porte à clé mais que les éléments courts sur pattes tambourinent à la porte en hurlant.

❑ Si vos lectures du soir contiennent les mots « lapin, renard, loup, chaperon, petit lion et dodo, pirate et princesse » plutôt que « amour, sexe, crime, Los Angeles, FBI, espion et Marc Levy ».

❑ Si vous mangez souvent froid (ou en tout cas fort tiède).

❑ Si votre voiture est un haut lieu microbien, riche en miettes et décoré de pare-soleil hideux (type Winnie l'Ourson, Cars ou Némo).

❑ Si vous savez ouvrir une compote à boire avec les dents tout en conduisant.

❑ Si vous marchez parfois sur des éléments piquants dans votre couloir (la nuit) et que vous jurez à voix basse (pour SURTOUT ne pas les réveiller).

❑ Si vous êtes souvent fatigué(e) et jamais à la sieste.

❑ Si vous lancez un *« Profitez-en »* agressif à chaque fois que vous croisez un couple seul.

❑ Si vous buvez un peu trop une fois par an (et en alternance avec votre conjoint(e) parce que le réveil à 6 h 24, il faut bien que l'un des deux assume...)

❑ Si vous parlez en épelant certains mots (voire en parlant anglais) pour ne pas être compris(e) par d'étranges petits individus aux oreilles affûtées (*"Shall we go to the swimming-pool this afternoon?", « On leur met un petit D.E.S.S.I.N A.N.I.M.E ? »*).

❑ Si chaque repas entre amis est un intense moment sportif et sonore où vous passez votre temps à ramasser les chips écrasées sur la moquette et à dire *« chuuuut »* et *« non, on ne saute pas sur le canapé chez les copains ».*

❑ Si votre sac à main ressemble à une des jarres de Fort Boyard.

Vous avez coché au moins trois de ces cases ? Alors je pense que vous ne ferez pas une mauvaise affaire en emportant ce livre avec vous.

Car oui, il vous faut maintenant l'admettre, vous êtes un parent, un vrai. Votre vie a changé et, avec elle, tous les éléments sympathiques qui la composaient.

Le sommeil, les sorties, la vie sociale et les vacances. Tout change. Votre quotidien, votre façon de parler, vos priorités et votre organisation jusqu'alors sans faille car tournée vers une seule et même personne : vous-même. Votre vie compte désormais un (ou plusieurs) petit(s) être(s) de plus, j'ai nommé le(s) nain(s).

Gentil mais dépendant, adorable mais geignard, il vous faut maintenant composer avec lui et pour lui ; avec eux et pour eux d'ailleurs, si vous avez la chance d'être un(e) multipare.

Dans le quotidien, dans votre couple et avec les autres. Votre vie a changé, dans le quotidien, dans votre couple et avec les autres c'est un fait, mais ce n'est pas une raison pour penser qu'elle est devenue pire. Il va juste falloir que vous vous adaptiez. Et que vous appreniez à en rire. Plutôt que d'en pleurer.

Cet ouvrage a pour vocation de vous aider à prendre du recul en vous proposant quelques aventures d'une famille nombreuse (la mienne).

À travers quelques épisodes fantastiques de mon quotidien, vous allez pouvoir vous réjouir en vous disant que votre vie est exactement la même que la mienne...

Les personnages

Maman : moi donc, ou vous. Maman de trois nains, multipare et multitâches, souvent au bord du craquage nerveux. Toujours prête à prendre la vie du bon côté, sauf quand un des nains l'a réveillée avant 6 h 30 le matin même.

Papa : le Mâle. Caricatural, certes, mais je suis prête à parier que vous vous y retrouverez un peu (ou beaucoup). Père aimant des trois nains, facilement gavé mais prompt à rire de tout, sauf quand un des nains l'a réveillé avant 6 h 30 le matin même.

Grand Nain : le plus grand des nains. Il a l'âge que vous lui donnez et l'énergie que vous imaginez.

Moyen Nain : le moyen donc, un peu bébé mais décidément bientôt grand. Toujours ravi de se ranger d'un côté ou de l'autre en fonction des intérêts en jeu.

Micronaine : la petite dernière, la petite princesse, la chouchoute. Avec un caractère de goret mais des boucles blondes qui font tout oublier. Et un cri qui rend fou.

S'ajoutent à ces personnages classiques quelques seconds rôles non négligeables que vous pourrez découvrir au fil des pages, comme l'amie **Nulli(pare)** qui n'a jamais eu d'enfants et n'en veut pas, comme **mamie** (qui peut être Mamita, Mamichou, Dadou ou Mémère – moins glamour) ou encore **belle-maman** (adorable ou pas selon votre modèle). En règle générale, les personnages n'abondent pas puisque le parent vit tout de même en vase clos quelques années, le temps que ses nains soient sortables en public.

Trêve de bavardages, passons maintenant à l'essentiel, au quotidien parental, aux chroniques de vie accompagnées de (bons) conseils pour (sur)vivre.

En espérant que cela vous soit un peu utile...

papa, le mâle

maman

grand nain

moyen nain

micronaine

On attend quoi là, en fait ?
Que le nain aille dans son lit !

Le nain à la maison

Fais dodo, le nain !

Avant d'avoir votre micronain, vous avez, comme tous les futurs parents, dévoré des tonnes de livres estampillés « Nains ». Vous avez également reçu, comme cadeau de naissance de votre amie Multi(pare), l'ouvrage *Le Sommeil du nain* et vous avez longuement potassé ce dernier.

Les mamans testent

En effet, vous commenciez à trouver suspectes ces petites phrases prononcées systématiquement par tous les parents que vous croisiez lors de votre grossesse : *« – PRO-FITE, – Dors, dors, dors., – Fais la grasse mat', – Fais une sieste, c'est peut-être ta dernière ! »*

Et là, devant votre micronain qui vient de naître, une bouffée d'angoisse vous submerge : *« Va-t-il dormir ? Va-t-il faire ses nuits ? Et quand il ne dort pas, je fais quoi ? »* Je vais vous dire ce que vous allez faire quand il ne dort pas : vous faites tout pour qu'il se ré-endorme.

- D'ailleurs, c'est bien simple, le nain ne dort pas, il somnole.
- Le nain ne s'endort pas, il décide de fermer ses paupières.
- Le nain préfère éviter la sieste, il trouve que ça le décale pour toute la journée.
- Le nain est capable de garder ses petits yeux ouverts pendant de longues heures. Le nain est capable de rendre folles deux personnes normalement constituées en très peu de temps.

« Un bon nain est un nain qui dort »

Encore faut-il réussir à l'endormir... Le jeune parent use de mille et une techniques d'endormissement du micronain, toutes lues dans le fameux guide *J'élève mon nain,* ou encore dans les pages « Comment survivre au micronain insomniaque ? » de leur magazine parental préféré.

Des techniques pour endormir le nain, il y en a cent. À vous de trouver celle qui marche avec le vôtre.

Tentative de coucher n° 212 de Micronain

— ***Il ne dort pas encore Micronain, là, chérie ?***

— Non. Il est en mode « hibou » depuis une heure !

— ***Mais il est tout de même 22 h 30 ! Je croyais qu'un micronain de trois mois dormait quinze à vingt heures par jour.***

— Oui, les faux nains, probablement. Le nôtre est un nain croisé hibou.

— **Comment va-t-on faire ? Je VEUX dormir (à défaut d'avoir pu manger chaud et d'avoir eu une soirée en amoureux) !**

— Il faut le bercer, il va s'endormir.

— **Pourquoi on ne ferait pas comme le guide le préconise page 134 ?**

— Le laisser seul dans son lit en attendant qu'il s'endorme ? Sans nous ? Sans bras ? Sans repères ?

— **Heu... nous pouvons éventuellement ajouter l'astuce de la page 147 ?**

— Le mobile ?

— **Oui, pourquoi pas ?**

— Snif... essayons... et je pense que l'accessoire mentionné page 153 ne sera pas de trop...

— **Très bien, donne-moi cette tétine...**

Nain fatigué = mauvais nain

Et vous voilà partis, tous deux, pour endormir un micronain qui n'a absolument pas envie de sombrer. Et cela durera tant que vous n'aurez pas trouvé le rituel du nain, la chanson douce et le petit livre en tissu, le gros câlin et la petite veilleuse, ou encore le noir complet et le silence total. Eh oui, endormir un micronain est un des premiers défis parentaux. Qui ne s'achève ab-so-lu-ment pas avec la première « vraie » nuit. Que nenni…

Le micronain devenu « grand » reste souvent réfractaire à l'endormissement nocturne (ou même siestal). Surtout s'il est très fatigué, sachez-le. Et pourtant, il en a besoin de sommeil car le nain fatigué est un mauvais nain, un nain qui parle fort et aigu, qui dit des trucs très bêtes, qui pleure dès qu'il se cogne (même pas fort) et qui hurle de désespoir si vous avez le malheur de lui refuser un Flamby au repas du soir. Ah, le bon nain fatigué, qu'il faut se traîner en s'excusant systématiquement auprès de tous ceux que l'on croise…

Mais c'est normal que les nains soient fatigués. Eh oui, le soir, au lieu de s'endormir gentiment à 20 h tapantes comme tout bon nain qui se respecte, les vôtres préfèrent ricaner bêtement dans le noir et trouver mille et une excuses pour se relever.

La porte se referme. Et se ré-ouvrira quelques fois pour un pipi, un verre d'eau, un monstre astucieusement déguisé en portemanteau, ou encore un bruit louche provenant de l'étage.

LE GOURNAIN !
AMI DE VOS NUITS
TRANQUILLES

L'art du non-coucher

Les nains sont des experts en l'art du non-coucher. Vous aurez beau faire un magnifique rituel du coucher, ils se relèvent et vous pourrissent votre début de soirée. Mais ne vous en faites pas, d'ici quelques années, vous pourrez réveiller votre pré-ado ronchon vers 9 h du matin pour faire une balade en forêt ou pour aller faire les courses au marché...

Eh oui, votre vengeance sera terrible. Cette douce pensée suffit parfois à vous donner du courage.

Abusez-en donc, c'est gratuit. Vous pouvez même élaborer des plans encore plus machiavéliques. Personne ne vous en voudra.

MOI, SI J'ETAIS VOUS...

Le soir, l'organisation quasi militaire est de mise si vous ne voulez pas voir courir en slip des nains hystériques trois minutes avant l'heure prévue du coucher. Voici un petit planning qui me semble idéal à respecter pour une soirée correcte entre « grands » :

Jusqu'à 18 h 30 : jeux divers et variés dans la chambre.
18 h 30 : bain. Ensemble ou à la chaîne si vous avez des nains désireux d'un peu d'intimité.
18 h 50 : sortie du bain et petit moment calme pendant qu'un des parents prépare le repas.
19 h 10 : repas. Le soir, on fait simple, rapide et efficace. Une bonne soupe planque-légumes ou un gratin camoufle-courgettes.
19 h 40 : retour dans les chambres. Évitez les jeux stupides qui énervent les nains, c'est autant de temps perdu à les calmer ensuite. Chaque nain choisit un livre qui sera lu par le parent de service.
19 h 55 : opération pipi/dents.
20 h : les nains sont au lit, prêts pour une dernière histoire ou une petite chanson.
20 h 10 : la porte des nains se ferme.
20 h 30 : après quelques tentatives d'évasion, les nains dorment.

L'antre du nain

Avant d'être vous-même propriétaire de nains, vous étiez persuadée d'être la plus bordélique des personnes du monde (doublée d'une tendance prononcée pour la procrastination). Mais, il faut vous rendre à l'évidence, depuis que vous avez enfanté, vous avez trouvé votre maître ès bordel : votre nain (ou vos nains, c'est encore pire).

Un havre de paix...

La chambre du nain est prévue pour être, au départ, un havre de paix aux couleurs pastel, aux murs taupe relevés de touches anis et framboise grâce à des appliques dénichées sur un site Internet design. Au sol est posé un tapis en forme de marelle, en bouclettes inlavables, sur lequel on s'assied en famille afin de lire un ouvrage enfantin pioché dans la bibliothèque robuste et pivotante.
Le rocking-chair de la maman allaitante est installé dans un coin de la pièce, au pied d'un sticker délicatement marouflé représentant un arbre féerique aux mille volutes.
Un havre de paix, vous dis-je...

La chambre du nain (4 ans plus tard)

Aux volutes de l'arbre sont accrochés des autocollants représentant des voitures du dessin animé fétiche des nains. Le fauteuil de maman n'est plus, brisé par ceux qui s'étaient imaginés chevaliers-pirates un dimanche après-midi pluvieux. La bibliothèque (qui ne pivote plus) vomit ses livres, ses magazines et une chaussette célibataire (?) tandis que, dans un coin, un portemanteau en forme de girafe croule sous les anoraks des deux derniers hivers. Se sont ajoutés, au fil des mois et des nouveaux jouets, des coffres et des caisses à remplir, des rangements de toute sorte avec la promesse de trier tout ce qui doit l'être.

Procédons à un petit test :
Videz un de ces bacs. N'ayez crainte, ça ne changera pas grand-chose à l'ambiance générale du lieu.
À l'intérieur, vous risquez de trouver : • 5 Duplos • une perruque d'un bonhomme • la béquille d'une moto • des cartes de Memory • des trucs en bois qui servent à construire des maisons (mais que les nains se balancent à la tête) • des morceaux d'un bonhomme patate • des cubes • des pages de livres • un vieux mouchoir • un noyau d'abricot • des roues de tracteurs • un morceau de porte d'une ferme parlante bilingue • des vieux bouts de gâteaux et des choses qui n'ont ab-so-lu-ment rien à faire dans une chambre de nain (comme le tournevis que le Mâle avait pris pour ouvrir le casier à pile du jeu trop bruyant et qu'il a oublié de ranger).

Eh oui, vos nains sont forts, très forts.
Leur penderie ?
À côté, vous êtes une véritable débutante. Des pantalons troués (des shorts en devenir) côtoient les joggings de la honte. La pile de t-shirts (branlante) contient les « mettables » et les « on va mettre celui-là tant pis, les autres sont tous au sale ». Un œil exercé pourrait également déceler la pile des choses trop petites qu'il faut songer à monter au grenier, ainsi que la pile des choses encore un peu grandes qu'il serait idiot de monter au grenier pour le coup.

Ranger ? Ah oui, on peut.
Si vous en avez envie, il existe deux sortes d'actions à mener.

Action habituelle : ramasser tout ce qui traîne et tout jeter dans des bacs (de préférence les plus gros dans lesquels vous pouvez même balancer un tractopelle entier). Puis prendre tous les vêtements et les coller dans le panier de linge sale. Enfin, contempler la chambre rangée, mettre les couettes à peu près sur les lits, histoire de faire bien. Aérer et dire aux nains d'un air satisfait : « Eh bien, voilà, c'est quand même mieux comme ça, non ?? »

Durée de l'action : 18 minutes (voire 20 si un nain décide d'aider – il remet encore plus de chantier).
Pérennité de l'action : 15 minutes (au maximum, si vous interrompez le carnage).

Action de folie maniaque : péter un plomb, devenir timbrée et vider TOUTES les caisses par terre en criant : « Eh voilà, c'est le b..., on va tout mettre par terre, ça ne changera pas grand-chose, et voilààààààà ! » Faire un peu peur aux nains. Puis s'asseoir par terre et contempler le désastre. On peut pleurer aussi.

Entendre le Mâle dire : « T'es maboule ! » et commencer à TRIER.

Armée d'un sac poubelle, faire le vide. Tout ranger, puis changer les draps des nains en aérant bien leur chambre. Décider de faire la même chose avec la penderie et de monter au grenier les piles de « ce qui ne leur va plus ». Puis, en avoir marre et laisser le reste en plan. Enfin, regarder les nains d'un air épuisé en disant : « On ne touche plus à rien, les nains ! »

Durée de l'action : 2 heures, des kilos de poussière et une humeur de dogue... Une chambre nickel (la penderie est à finir) et un sentiment de devoir accompli.
Pérennité de l'action : 15 minutes (au maximum, si vous interrompez le carnage).

MOI, SI J'ETAIS VOUS...

– **Usez et abusez des caisses de rangement,** ça aide à camoufler le chantier.
– **Triez régulièrement en l'absence des nains,** quitte à faire disparaître de manière temporaire certains jeux trop encombrants : faites un système de rotation des jouets.
– **Fermez la porte de leur chambre :** ouf, on pourrait penser que c'est rangé !

LES BONS PLANS
DU NAIN

Les meilleures excuses
pour se relever le soir

Lorsqu'arrive le soir, ami nain, tu n'as aucune envie de dormir. Comme je te comprends. Il n'y a vraiment que les adultes pour aimer ces moments de léthargie intense où tu ne fais rien (du tout) et où tu ne joues pas. Et pourtant, chaque soir, c'est la même rengaine : « C'est l'heure du dodo », nous assènent ces parents pressés de se retrouver entre « grands », comme si nous n'étions pas assez intéressants.

Afin de profiter au maximum de tes soirées, cher nain, j'ai l'honneur de te dévoiler ici quelques extraits d'un ouvrage de référence sur la question. Fais-en bon usage.

Type 1 : Les excuses dites « classiques »

Le pipi/caca : c'est encore l'excuse la plus adéquate pour tout bon nain qui ne tient pas à dormir tout de suite. En effet, personne ne peut vraiment vérifier la chose et aucun parent ne pourra vous refuser l'accès aux toilettes. À utiliser avec parcimonie cependant, une fois par soir me semble être un bon ratio.

La soif/faim : si la faim est une excuse un peu plus délicate à utiliser (on va vous rétorquer qu'il reste encore vos haricots verts à terminer au frigo), la soif est une excuse valable et très efficace. Réclamez un verre d'eau, voire deux (ainsi, vous pourrez demander à aller faire pipi une seconde fois).

La perte du doudou/de l'oreiller/ de la couette : un bon lancer de doudou et le voilà perdu. Idem pour l'oreiller que vous pouvez glisser sous votre lit. Quant à la couette, elle peut être roulée en boule à vos pieds. Geignez d'un air triste en réclamant l'objet manquant et le parent n'aura qu'à allumer à nouveau la grande lumière pour vous le retrouver et vous sermonner.

L'oubli du brossage de dents : il y a 5 minutes, vous n'y teniez pas particulièrement à ce brossage de dents et vos parents en ont profité pour gagner quelques instants précieux de tranquillité. Erreur. Il vous faut

absolument vous brosser les dents chaque soir, sinon vous risquez fort d'avoir des caries. Relevez-vous prestement et demandez à vous laver les quenottes. Le parent, pris en flagrant délit de parentalité-indigne, n'aura d'autre choix que de vous conduire à la salle de bain.

L'objet nécessaire à votre endormissement : il peut s'agir de n'importe quoi, sachez-le. D'une petite voiture (voire de plusieurs) que vous glissez sous votre oreiller, d'un livre, d'un nounours particulier, d'une casquette ou d'un bonnet de bain. Vous pouvez également réclamer « un t-shirt qui sent maman » ou encore un bonhomme qui se trouve au fond d'une de vos trente caisses de jouets. Le parent cherchera, croyez-moi, puisqu'il vous FAUT cet objet pour pouvoir dormir.

Type 2 : Les excuses de la trouille

Le truc tapi dans la chambre : évidemment que vous savez que ce portemanteau ne porte que des manteaux. Mais, dans le noir, avec ce petit reflet qui vient de la fenêtre, on pourrait penser que cet anorak a des yeux brillants et globuleux. Or, tout ce qui a des yeux brillants et globuleux est un monstre. Donc cet anorak est un monstre. Hurlez pour le faire savoir. De la même façon, si vous tendez l'oreille, cette respiration étrange est probablement celle d'un intrus tapi dans l'ombre, attendant que vous vous soyez endormi pour vous dévorer. Ça fait peur. Criez. Même si vous savez pertinemment que cette respiration étrange est celle de votre frère, légèrement enrhumé.

Le cauchemar qui rôde : vous en êtes certain, vous avez rêvé du loup. Du grand méchant loup. Trois secondes de rêve atroce. C'est ce qui arrive si on ferme les yeux. Expliquez cela à votre parent, il est tout de même hors de question de prendre le risque de faire un cauchemar qui vous obligerait à réclamer un peu de chaleur humaine (dans le lit de papa et de maman) en pleine nuit.

L'angoisse débile : quand on s'endort, certaines pensées terribles nous viennent à l'esprit. Profitez de cette belle soirée pour partager vos angoisses en famille. En vrac, il vous est possible de vous interroger sur ce que vos parents font lorsque vous dormez, sur le devenir de vos lapins nains pendant vos prochaines vacances, sur le fonctionnement du moteur de la voiture de papa... Bref, il vous faut des réponses. Tout de suite.

La bestiole qui fout la frousse : vous l'entendez ou non, mais vous savez qu'elle est là. La mouche, le moustique qui pique (évidemment), la fourmi qui rôde avec ses congénères sous votre lit (si, si) ou encore la souris (pourquoi n'y aurait-il pas de souris dans votre chambre ?). De toute façon, il vous faut expliquer aux parents qu'il y a une bestiole dans votre chambre et que ce sera elle ou vous !

Type 3 : Les excuses à fort capital sympathie

Le bisou/câlin : il vous en faut encore un. La bouche en cœur et les yeux bordés de larmes, réclamez un dernier bisou ou un dernier câlin, comme si vous n'en aviez pas eu assez. Le parent étant de manière générale assez prompt à la culpabilisation en soirée, il vous facilitera la tâche en venant lui-même vous recoucher avec un gros câlin. Serrez fort pour gagner encore plus de temps.

Le « Je t'aime » : sortez de la chambre l'air hirsute comme si vous vous étiez presque endormi. Regardez intensément le parent-victime et assenez lui un « Ze t'aime » convaincant. Aucune repartie autre que « Moi aussi, mon p'tit lapin » n'est possible. Vous êtes parfait.

Le truc super-important à dire en bafouillant avec des mots drôles : cette excuse demande un minimum de préparation et fonctionne terriblement bien si le parent est en compagnie de ses congénères. Réfléchissez à une phrase très stupide et entrez en scène. Devant la foule rassemblée au salon devant un apéritif, prenez votre air le plus angélique et déclamez votre prose : « Zé crois que zé des clous dans mon lit et aussi ze suis allerzique aux clous. »

Quoi qu'il arrive, cher ami nain, ne vous démontez pas et restez stoïque. Même si on vous raccompagne avec moult menaces. Les parents sont faits pour ça.

Je t'aime
Pipi
Soif
Mon doudou
Le monstrrrre
Bisous
Le monstrrrre
La bête
Mes dents
Je t'aime
Le truc
Vous avez été super…
demain même heure ?

Beurk, c'est pas bon !

Le nain, ce fin gourmet, risque de vous faire prendre conscience que la nourriture, ce n'est pas la partie la plus intéressante de votre travail de parent. Eh oui, le miam-miam, le bon-manger-c'est-qui-qui-l'a-fait-c'est-maman-chérie, est un challenge quotidien pour tout parent pourvu de véritable nain.

« C'est maman qui l'a fait ! »

Au début, lorsque le nain est micronain et se nourrit exclusivement de ce mélange lacté qu'il aime à régurgiter, le problème est moins grave.
En effet, qu'il prenne son lait à la source maternelle ou au biberon, le nain est généralement peu difficile (à moins d'être tombé sur un vrai boulet, auquel cas ce n'est vraiment pas de chance).
Tout commence au moment où on envisage de glisser dans sa petite bouche de nain un truc mixé contenant du légume (ou du fruit). Oui, au début, c'est difficile, mais il vous faut trancher : carotte ou pomme ?
Quel stress, ami parent, quel stress !

Votre choix fait, il vous faut glisser la petite cuillère en plastique ergono-nain dans la bouche de votre petite victime. Le nain entrouvre le bec... et recrache la micro-cuillérée avec une moue dégoûtée.

Cela dit, soyez rassuré, le nain mangera normalement bien assez tôt.
• Le chocolat : validation.
• Les frites : validation, surtout si elles sont accompagnées de leurs meilleurs amis, les nuggets.
• La soupe : mouais, tant qu'on ne voit pas les légumes, ça peut encore passer...
• Les pâtes : bien entendu.
• La purée : tant qu'elle est jaune et issue de flocons en sachet, oui.
Le reste ? Ça viendra.

Allez les filles,
encore un petit effort,
on lève les cuisses bien haut
et on bouge sa graisse !
beurk

« Mais si, c'est bon... »

Certaines personnes, inquiètes de voir votre nain ingurgiter du gras, du calorique et du légume déguisé, tenteront néanmoins de faire découvrir au nain la BONNE bouffe. Belle-maman, par exemple, adore tenter des expériences extrêmes.

— *Regarde ce que mamie a préparé pour le nain... une belle brandade de morue....*
— ***Groumpf.***
— *Qu'est-ce qu'il y a, le nain ? Tu n'aimes pas la brandade de mamie ?*
— ***C'est quoi dedans ? C'est pas bon...***
— *Tu n'as même pas goûté, le nain, il faut goûter avant de dire que ce n'est pas bon.*
— ***Non !***

Fermeture de la bouche. Moue dégoûtée. Repoussage d'assiette.
— *Écoute, le nain, c'est très bon, il n'y a que des bonnes choses dedans.*
— ***De quoi ?***
— *Eh bien... heu... des pommes de terre...*
— ***J'aime pas.***
— *Si, c'est comme la purée, tu aimes bien la purée. Eh bien, la brandade, c'est de la purée. D'ailleurs, c'est l'AUTRE nom de la purée.*
— ***Ah ?***

Au mot « purée », le nain consent à glisser une mini-cuillère de brandade dans sa bouche, tout en fronçant les sourcils. Il mâchonne. Il recrache.
— ***C'est pas bon, c'est pas de la purée, il y a un truc pas bon dedans.***
— *Ah ? Un peu de poulet peut-être ?*
— ***Non, c'est pas en nuggets.***
— *Ah... c'est de la morue alors.*
— ***C'est comme du poulet ?***
— *Un peu. C'est un poulet de mer.*
— ***Mais c'est pas bon ! Et puis il y a des morceaux.***
— *Ce sont les pommes de terre, il faut juste les écraser, pas les mixer dans la recette.*
— ***Elle est nulle ta recette !***

Il touille.
— ***C'est quoi les trucs verts là, en plus ?***
— *C'est du persil, heu, c'est comme de l'herbe qui sent bon.*
— ***Je mange pas de l'herbe. Je suis pas une vache, mamie !***
— *Bon, heu, eh bien, t'as quel âge ?*
— ***5 ans. Mais je ne mange pas cinq bouchées mamie, c'est pas bon !***

Les nains sont difficiles parfois. On peut choisir de se stresser, on peut se stresser à leur faire des plats riches en légumes, en fruits, en graines de courge et en bon-bio. On peut aussi se dire que manger est un plaisir et laisser le nain choisir un peu, en lui apprenant à goûter, à dire ce qu'il aime (ou pas), et en lui laissant la possibilité d'avoir ses propres goûts, ses propres préférences.
D'ailleurs, le Mâle est ainsi, non ?

MOI, SI J'ETAIS VOUS...

- **Pour la diversification,** ne pas hésiter à utiliser des petits pots du commerce, tout à fait sains pour les nains. Si vous vous sentez coupable, prenez-les bio.
- **La soupe est un très bon « planque-légumes »** ainsi que la purée. Abusez-en.
- **Le chantage au dessert est interdit par la loi des nains.** Si l'enfant ne veut pas de son plat, il a tout de même le droit de manger un dessert. On ne mange pas pour faire plaisir au parent, on mange pour se nourrir et pour se faire plaisir à soi.

Un repas en famille

Le repas en famille peut être un moment plutôt stressant dans la journée du parent. Vous ne me croyez pas ? Voici un déroulé plutôt classique d'un repas chez un parent lambda, disons VOUS.

Étape 1 : Préparer le repas

Pour éviter tout drame, le repas doit être préparé selon des règles bien précises : légumes planqués et féculents apparents. Toute viande est nommée « steak » ou « poulet » et il est interdit de prononcer le mot « poisson ».

Étape 2 : Passer à table

La table est mise pour cinq :
- petit bol en plastique et micro-couverts pour Micronaine,
- assiette à rebord pour Moyen Nain qui a tendance à envoyer quelques décorations de sol à chaque bouchée,
- assiette Tchoupie pour Grand Nain et ses couverts de naissance),
- assiettes de grands pour le Mâle et vous-même, avec couteaux planqués, histoire que Micronaine ne vole rien et n'éborgne ni ses frères ni le chien.

Il s'agit ensuite d'appeler les nains à table. *« À TABLE ! »* semble être l'interjection la plus appropriée dans ce cas-là. Si elle fonctionne très bien avec Micronaine, qui arrive en hurlant ***« MIOUME MIOUME »***, il est nécessaire de la répéter plusieurs fois en l'agrémentant de *« HéHo, les NAINS, j'ai dit À TAAAAABLE !!! »*

À table !
J'ai dit À TABLE !
À TAAAAABLE, les nains !!!

Étape 3 : Commencer le repas

La salade arrive sur la table.
— ***J'aime pas la salade*** (Moyen Nain)
— *On s'en fiche, c'est pas pour toi !*
— ***Moi j'aime bien les tomates et les concombres*** (Grand Nain)
— *Tu en veux ?*
— ***Mais pas en salade*** (Grand Nain)

Pendant que les adultes tentent misérablement d'avoir une conversation, les nains non pourvus de salade s'agacent.
— ***J'ai faim !***
— *Ok, on va vous donner vos pâtes tout de suite, les nains.*
— ***Des pâtes ! des pâtes ! des pâtes !*** (Grand Nain)
— ***Je veux de la purée*** (Moyen Nain)
— *Encore des pâtes ??* (le Mâle)

Premier lever parental pour aller chercher la casserole de pâtes.
— ***Je peux avoir du gruyère fondu ?***
— *Pardon ?*
— ***S'il te plaît, maman chérie d'amour je t'aime...***
— *Oui, tiens.*

Deuxième lever parental pour le gruyère.
— ***Fondu***
— *Quoi ?*
— ***Fondu au micro-ondes***
— *Demande à ton père !*
— ***Papa ?***
— ***Purée, donne...***

Bip Bip Bip !!! (micro-ondes)
— ***Maman ? Bip Bip Bip !!!*** (Moyen Nain)
— ***Mes pââââââtes !!*** (Grand Nain)
— *Ça arrive...* (le Mâle)
— ***J'arrive pas à couper mon steak*** (Grand Nain)
— *Donne, je le fais. Moyen Nain, sors ce steak ENTIER de ta bouche !*

Troisième lever parental pour aller chercher les pâtes des adultes.
— *C'est froid* (Vous)
— *Évidemment* (le Mâle, légèrement tendu).

Quatrième lever parental pour passer les pâtes au micro-ondes.
— *BON, QUI VEUT SON DESSERT ?* (le Mâle, qui est au bord du craquage)
— ***MOUA***
— ***MOI***
— ***MA ! MA ! MA !***
— ***Je veux le yaourt à la vanille !***
— ***Moi aussi ! Moi aussi !***

Cinquième lever parental, histoire de fermer la porte du frigo...
— *Et sinon, le boulot ça a été aujourd'hui, le Mâle ?*
— *Ah ouais, faut que je te raconte comment le....*
— ***Papa ?***
— *Attends, le nain, je parle.*
— *Alors j'ai reçu un coup de fil d'un....*
— ***Maman ?***
— *J'écoute papa, le nain, deux secondes...*
— ***MAIS PAPA !!!***
— *QUOI, MAIS QUOI ?*
— ***Je peux ravoir un yaourt à la vanille ?***
— *Non, un laitage ça suffit. Tu prends une compote ou un fruit.*
— ***Du chocolat !***

Le repas se termine en fanfare avec des nains qui demandent (ou pas) à quitter la table et qui partent, le bec encore tout yaourté et les mains sales. Vous restez tous les deux, face à face, la table jonchée de 6 pots de yaourts, de coquillettes en vrac et de mini-flaques d'eau. Vous soupirez.

Peut-être que demain, vous ne mangerez pas avec les nains...

MOI, SI J'ETAIS VOUS...

– **Préparez tout à l'avance :** eau, cuillères, sel, gruyère, etc. Vous éviterez ainsi un lever parental inutile.
– **Pour manger tranquillement,** n'hésitez pas à faire manger les nains avant vous. Vous serez plus disponible pour eux pendant le repas. Et totalement décontractée pour le vôtre.

Au Régal du Nain

3 étoiles au Guide Michenain !

MENU DÉCOUVERTE POUR PARENTS AVERTIS

MISE EN BOUCHE

Fines tranches d'amandine croustillantes parfumées aux oignons,
avec une fine touche de crème,
délicatement saupoudrées de sel de Guérande tamisé à la main.

★★★ LE NAIN, CRITIQUE GASTRONOMIQUE ★★★

Des Pringles piqués à papa, quoi…

ENTRÉE

Velouté de légumes variés soigneusement dissimulés,
le tout relevé par de petites piquanteries alphabétiques
et un nuage de mousse laitière neigeuse.

★★★ LE NAIN, CRITIQUE GASTRONOMIQUE ★★★

**Une soupe « dégueu » de légumes
avec un peu de crème pour nous « arnaquer »
et des pâtes en forme de lettres alors qu'on ne sait même pas lire.**

PLATS

Pièce de volaille AOC élevée en plein air,
poudrée de chapelure et délicatement saisie
dans une huile parfumée aux graines de tournesol.

★★★ LE NAIN, CRITIQUE GASTRONOMIQUE ★★★

Ouais, des nuggets, quoi…

Au Régal du Nain

3 étoiles au Guide Michenain !

OU

Délicieux recomposé de bœuf saisi à la plancha.

★★★ LE NAIN, CRITIQUE GASTRONOMIQUE ★★★

Un bon steak mâché, rien de tel.

ACCOMPAGNEMENT AU CHOIX

Écrasé de pommes de terre Mousse Line, petits grains de riz basmati cuit en vapeur, méli-mélo de pâtes-papillons multicolores.

★★★ LE NAIN, CRITIQUE GASTRONOMIQUE ★★★

La purée, les pâtes et le riz. Voilà du basique efficace !

FROMAGES

Ronde des fromages en plateau : petit carré tendre et moelleux, coque écarlate au contenu surprenant, petit triangle crémeux de l'amie vache.

★★★ LE NAIN, CRITIQUE GASTRONOMIQUE ★★★

Interdit de terminer son Kiri, il faut le laisser au bord de l'assiette pour que celui qui débarrasse (un parent) s'en colle plein les doigts…

DESSERT

Le classique yogourt bulgare à agrémenter d'un délicieux mapple sirup québécois, à déguster en chaud-froid.

★★★ LE NAIN, CRITIQUE GASTRONOMIQUE ★★★

**Le yaourt au sirop d'érable, c'est bon.
Surtout quand on renverse plein de sirop dedans.**

Le Bain du nain

Tous les soirs ou presque, depuis que vous avez des nains, il vous faut passer par ce rituel de beauté bruyant et humide, j'ai nommé : le bain.

Plouf le nain !

Le bain du nain est un moment très paradoxal dans la vie d'un parent : gage de tranquillité pendant quelques précieuses minutes, il est également la promesse d'un épongeage en règle de la salle de bain. Pour baigner un micronain, rien de plus simple : il suffit d'un fond d'eau tiédasse, d'une bonne serviette éponge et de pas mal de dextérité, puisqu'il s'agit de savonner un petit être qui ne tient ni assis, ni couché, ni debout, tout en évitant de le noyer. Une trempette de quelques instants, un savonnage qui sent bon, une sortie du bain en douceur, un rhabillage dans les hurlements et un pyjama tout propre qui ne sent pas le régurgiti de lait. Bref, le bain du micronain est rapide, bref et riche en stress pour le jeune parent.

Une fois que le jeune parent est devenu expert ès nain (c'est-à-dire qu'il en a plusieurs), le bain devient donc un moment assez sympathique où les nains jouent de manière autonome dans un espace clos. Même si, bien entendu, tout bain de nain nécessite une surveillance, on peut, le temps passant, se contenter de bouquiner à côté de la baignoire pendant que les nains se jettent des gobelets d'eau en travers de la tête.

Le soir, pour baigner les nains, vous n'avez qu'une chose à dire, ou plutôt à hurler : *« Au baiiiiiiin !! »* Agrémenté du fameux et peu efficace : *« J'ai dit AU BAIN tout de suite... je compte jusqu'à trois... »*

« À la bonne souplette ! »

Le bain est coulé, la température vérifiée du bout du coude (voire avec un thermomètre si vous êtes une vraie maman) et le tapis de bain est déposé au plus près de la baignoire pour éponger les débordements futurs. Les nains finissent par débouler dans la salle de bain (la menace de la télé supprimée a fini par fonctionner) et tendent les bras en l'air pour que vous leur ôtiez ces fichus vêtements.

— *On essaie de se déshabiller un peu tout seuls les nains, là...sauf toi la p'tite, viens par ici.*
— ***Maman ??? Je suis coincéééééé...***

Vous finissez par récupérer les vêtements qui jonchent le sol, vous triez le tout lamentablement et vous ramassez d'un air dégoûté un slip douteux de moyen nain qui traîne dans une flaque d'eau. Micronaine, quant à elle, a profité d'un moment d'inattention pour jeter son body par-dessus bord. Bon. Le tout dans le panier de linge sale, la lessive étant votre passion quotidienne.

Ça y est, les trois sont dans le bain. Victoire. Vous vous autorisez une petite pause et prenez un magazine à feuilleter assise sur le rebord de la baignoire. Détente. Jusqu'au verre d'eau que vous recevez en pleine tête, jeté par un moyen nain hilare :
« À la bonne souplette maman ! »
Vous vous fâchez, ils ricanent. D'ailleurs, devant l'enthousiasme général occasionné par son coup d'éclat, Moyen Nain réitère l'opération. Avec un plus gros gobelet. Vous confisquez. Il hurle.

La crise ne dure pas très longtemps, puisque les nains décident soudain de faire une potion magique, mélange de gel douche et de shampoing, et profitent de votre léthargie de fin de journée pour faire goûter ladite potion à leur petite sœur, qui avale goulûment la mixture en hurlant ***« MIOUME ».***
Vous relevez la tête. Elle rit bêtement en recrachant de la mousse.
Tout va bien.

L'eau rend fou...

Puis la porte de la salle de bain s'entrouvre et voici le Mâle, ce héros, qui rentre du travail.

— *Salut les nains !*

— *Coucou Papa !*

— *Vous avez passé une bonne journée ? Les grands, c'était bien l'école, vous avez fait quoi ?*

— *Rien, caca prout !*

— *Formidable. Et toi, Micronaine ? La crèche, c'était bien ?*

Un poulpe violet en mousse, gorgé d'eau, vient s'échouer aux pieds du Mâle.

— *Bon, je prends ça pour un oui.*

Vous tentez courageusement de raconter votre journée au Mâle, qui tente tout aussi stoïquement de vous raconter la sienne, le tout sous les cris stridents de nains surexcités (l'eau rend fou...).

Lorsque vous vous retournez, c'est le drame : Micronaine frotte furieusement les parois de la baignoire avec le gel douche (qui coûte un bras), armée d'une brosse à dents. Moyen Nain a vidé le sac de jouets et la baignoire ressemble à un fleuve rempli de détritus. Grand Nain, lui, joue au plombier et remplit des gobelets (percés) sur le bord de la baignoire.

Tout est mousseux et trempé...
Vous craquez et vous prenez les choses en main : tout en râlant, vous savonnez les nains à la chaîne et vous les sortez de la baignoire sans ménagement.
Ils sont séchés prestement (avec la même serviette, chacun un coin).
Un pyjama enfilé à chacun et vous les envoyez jouer dans leur chambre.

Il vous reste maintenant à éponger les dégâts. Et à vous promettre que demain, c'est la douche ! C'est bien, la douche aussi.

MOI, SI J'ETAIS VOUS...

- **Côté jouets,** n'investissez pas dans de superbes circuits d'eau, préférez le gobelet, la cuillère, les bols en plastique et tout ce qui permettra la préparation d'une bonne « souplette ».
- **N'oubliez pas de décoller le tapis de bain** du fond du bain tous les soirs si vous ne voulez pas qu'il moisisse. Si vous avez du carrelage au mur, collez-le dessus.
- **Pour améliorer le bain du nain,** il existe des pastilles colorantes d'eau de bain. C'est ma-gni-fique (point de vue nainesque) !
- **Si votre nain est lavagedecheveuxphobe,** n'oubliez pas l'imparable technique du gant de toilette posé sur ses yeux.

Tu ne vas pas tomber malade MAINTENANT !

allo le nain, BOBO

Rassurez-vous, amies lectrices : un nain malade restera toujours moins pénible qu'un Mâle malade, geignant à qui veut l'entendre qu'il « va mourir, parce qu'il n'a jamais été aussi malade de toute sa vie ». Mais, tout de même, un nain malade est un nain qu'il faut soigner.

Pipette oui, suppo non

Otite, bronchiolite, angine, varicelle, le nain est capable d'enchaîner le dictionnaire médical à lui tout seul. Eh oui, entre 0 et 5 ans (en moyenne), le nain est parfois fort mal en point. Pour certains, l'essentiel des maladies va se nicher au cœur de la première année, et pour d'autres, elles vont s'étaler gentiment sur toute la période de la petite enfance. Le tout, selon le dernier virus à la mode, la fratrie-contagieuse ou encore le mode de garde choisi.

Le nain malade doit être soigné et, pour vous aider, vous avez à votre disposition toute une batterie de professionnels qui vont rapidement devenir vos meilleurs amis. Le pédiatre, par exemple, le pharmacien ou encore le kiné, sont dans votre portable entre mamie et votre meilleure amie. Ils vous connaissent très bien et vous tutoient. C'est bien naturel puisque, grâce à vous et à vos nains, ils ont pu partir avec toute leur famille aux Seychelles ce Noël pendant que vous essuyiez votre triple varicelle en décalé sur trois semaines.

Afin de vous aider à survivre à ces épisodes vraiment pénibles, vous pourrez trouver ici quelques indications sur l'attitude à adopter lorsque son nain est malade.

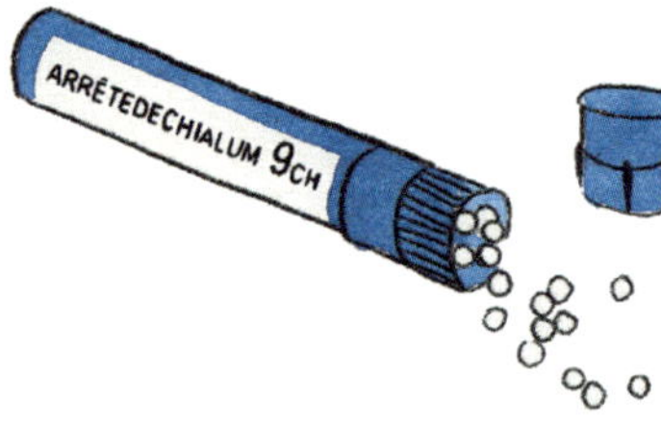

1) Sirop délicieux à la fraise tu réclameras et sirop « dégueu » à la banane tu recracheras

Eh oui, si certains sont avalés goulûment par le nain malade, tout autre médicament louche (antibiotique compris) sera un mets plus difficile à lui faire avaler. À vous de tenter les dissimulations extrêmes (du type « dans le yaourt avec beaucoup de sucre ») et le sourire (« fais-moi confiance », accompagné du fameux « c'est pour que tu ailles mieux, mon lapin».)

2) La température prise dans le bec tu accepteras et la température prise dans les fesses tu refuseras

Pour prendre la température d'un micronain, point de souci, il se laissera faire. Ensuite, bon courage ! Pour vous simplifier la vie, il existe des « indicateurs » de température (frontaux ou auriculaires) qui, s'ils ne sont pas aussi fiables qu'une véritable prise de température, permettent de cerner rapidement (surtout la nuit) la gravité de la chose.

3) Le jour très très important que PERSONNE ne peut rater, très malade tu pourras tomber

Évidemment, il faut savoir que le nain tombe malade pile quand personne ne peut le garder. Le jour d'un entretien d'embauche, le soir d'un concert réservé six mois à l'avance, la nuit d'un départ en avion, bref lorsque ça tombe vraiment mal. Devant la chose, restez zen. Personne n'y peut rien et surtout pas le nain.

Monsieur VOMITO

4) À la moindre occasion, le droit tu as de vomir dans le salon

Le nain vomit pas mal : en jet puissant, et, surtout, sans prévenir. Même si cela vous dégoûte au plus haut point, il vous faudra tout de même faire fi de vos petits sentiments et éponger le tout. Pour cela, la serviette éponge géante drapée autour du nain malade, déposée dans le lit du suspect, à disposition dans la voiture, est un accessoire mode fort utile : elle permet d'absorber la majorité de l'objet du délit (et peut être rapidement fourrée dans une machine à laver).

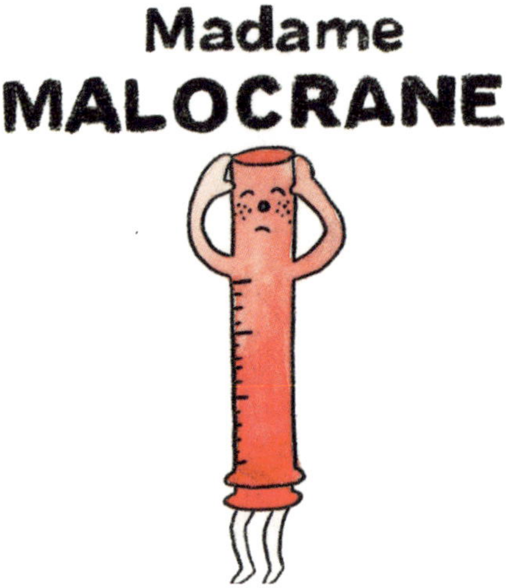

5) **De la température tu pourras faire, une heure après avoir été déposé à la crèche (ou autre) par ta mère**

Il allait bien ce matin, le nain. Enfin, presque. En tout cas, non, il n'avait pas de température lorsque vous l'avez déposé à l'école. Non, non. Mais vous le récupérez rapidement, légèrement honteuse, lorsque la maîtresse vous appelle à 9 h 11 d'un air agacé. Si vous avez un doute sur la santé du nain, plutôt que de le gaver d'anti-fièvre en tentant de faire illusion, essayez plutôt de le garder une demi-journée, ça vous évitera de courir partout pour aller le rechercher.

6) **En tant que personne diminuée, tu pourras exiger du dessin animé à toute heure de la journée**

Un nain malade n'étant pas franchement diminué (sauf à l'acmé de sa maladie, et encore), il reste très pénible et dans vos pattes toute la journée. Pour passer le temps, la télévision devient un allié précieux. Allumez un peu la télé, il n'en mourra pas. Et vous pourrez mettre votre faiblesse sur le compte de sa maladie.

7) **En pleine nuit, de la température extrême tu pourras faire, surtout le samedi, dimanche, jours fériés, et veille de vacances scolaires**

Dans la série « le nain tombe malade quand il ne faut pas », il est fréquent de lui trouver un bon petit 40 °C un samedi 13 juillet à 23 h 02, ou encore de le voir déclarer une magnifique crise d'urticaire géant une nuit vers 3 h 12. Évidemment. Rien d'autre à faire que d'évaluer (calmement) la situation : peut-elle attendre demain ? Si oui, chouette. Si non, le 15 (ou le médecin de garde) n'existent pas pour rien. Et une nuit aux urgences, c'est un passage obligé pour tout parent qui se respecte, non ?

MOI, SI J'ETAIS VOUS...

– **Un nain malade, c'est pénible.** Du rhume basique à l'étrange maladie stressante, un parent est toujours inquiet. Évitez cependant d'aller tapoter ses symptômes sur Google au risque de devenir passablement angoissé et complètement paranoïaque.
– **Constituez-vous une véritable armoire à pharmacie,** histoire d'éviter les mauvaises surprises du samedi soir. Les grands classiques serviront toujours.
– **Si vous êtes du genre à vous poser mille questions,** investissez plutôt dans un vrai guide de la santé, rédigé par un vrai médecin. Et allez consulter le vôtre au moindre doute. Comme on dit, il vaut mieux y aller pour rien...

LES BONS PLANS
DU NAIN

Comment
rater sa propreté en 5 étapes
par le professeur Nain

Extrait de l'ouvrage *Comment agacer ton parent*, tome 1 : « Les apprentissages de base », de professeur Nain, Paris, Presses du Boulet, 2012. Nous n'étions pas assez intéressants.

Cher Nain, vous avez tout juste 2 ans, voire 2 ans ½, et vos parents commencent déjà à songer à vous coller sur le pot. Il ne faut pas leur en vouloir, les guides parentaux regorgent d'aberrations stressantes sur votre développement dont les parents raffolent. Ils aiment beaucoup vous comparer à la norme et, aidés par leurs propres parents, voudraient vous voir précoces, rapides et en avance sur votre âge.

Pour la propreté, je vous propose ici de découvrir 5 étapes essentielles pour bien rater son apprentissage, afin d'ennuyer au mieux vos parents.

Étape 1 : Ayez l'air « prêt »

• Sachez monter et descendre les escaliers, cela rassurera vos parents sur votre maîtrise sphinctérienne (paraît-il).
• Commentez chaque remplissage de couche en prenant un air légèrement dégoûté (même s'il n'en est rien).
• Faites mine de vous intéresser au plus haut point à des ouvrages traitant du sujet, tels que le fameux Tchoupi sur le pot, ou encore l'inévitable Petit Ours Brun va sur le pot, et toutes les séries niaises du même genre que vos parents inquiets ne manqueront pas d'acheter.
››› À la suite de cette étape, vous devriez entendre fuser des « Je crois qu'il est prêt » et des « On va tenter d'enlever les couches ». Bravo, vous pouvez passer à l'étape suivante.

Étape 2 : Exigez le meilleur pour vous aider à réussir

• Pour mener à bien votre apprentissage de la propreté, il vous faut absolument des culottes/slips floqués à l'image de vos héros préférés pour retenir votre pipi quelques heures.

• Refusez le pot bas de gamme acheté en supermarché, ou, pire, celui que votre grand-mère a confié à votre mère en lui disant, l'œil humide : « C'est celui de quand tu étais petite. » Il est hors de question que vous posiez vos jolies fesses sur un pot en plastique des années 1980 alors qu'il existe désormais des pots qui applaudissent à la moindre goutte de pipi.

• De la même façon, il me semble assez délicat d'accepter de se frotter les fesses avec du vil papier toilette rose alors qu'on vend en grandes surfaces du papier toilette magnifique décoré de petites souris.

• Si vous êtes réellement sensible du postérieur, vous pouvez même exiger des lingettes épaisses et humides, elles coûtent bonbon mais rien n'est trop beau pour vous, ne l'oubliez pas.

>>> À la suite de cette étape, vous devriez voir des parents qui pensent être parés à toute éventualité. Vous pouvez ricaner et passer à l'étape 3.

Étape 3 : Laissez-les vous ôter la couche et faites-vous plaisir en tout lieu, à tout instant

• Une fois la couche enlevée, vous êtes libre de « pourrir » l'intérieur parental. Personne ne vous grondera (en tout cas dans un premier temps) et ce, même si vous vous oubliez sur le canapé du salon ou encore sur la housse de couette en percale de vos parents. Il faut bien apprendre, non ?

• Au départ, ils vous laisseront probablement une culotte pour que vous « sentiez l'humide ». Afin de mettre un terme à cette pratique peu agréable, je vous suggère de multiplier les pissous intra-culotte afin de les pousser à la rupture de stock. Une fois la pile écoulée, gageons qu'ils vous laisseront « cul nu ».

• Faites comme si vous ne sentiez pas les choses venir, ne vous retenez jamais et prenez l'air bête et surpris quand on vous assène un : « Il faut demander le pot, comme Tchoupi !! » Restez assis sur le pot sans rien faire pendant de longues minutes puis levez-vous et allez vous soulager au milieu de la cuisine.

››› À la suite de cette étape, vous devriez voir l'attitude de vos parents évoluer. Ils ne font plus les fiers et évitent de dire à tout le monde que vous essayez d'être propre. Ils se contentent de vous soulever l'air agacé pour aller vous savonner... Bravo, vous pouvez passer à l'étape suivante.

Étape 4 : Écoutez-les négocier, parlementer, tenter, s'embourber

• Au bout de quelques jours à ce rythme, vos parents n'en peuvent plus de nettoyer, savonner et expliquer. Vous devez leur accorder une petite récompense en faisant un pipi sur trois sur le pot, puis en acceptant d'y faire la majorité.

• Cependant, pour votre divin caca, refusez systématiquement le trône et attendez patiemment la nuit ou la sieste qu'on vous pare d'une couche pour faire vos besoins. Cela énervera à point le parent qui ne comprendra absolument pas pourquoi vous n'êtes pas capable de faire tout dans le pot.

• Écoutez-les parlementer, vous lire des histoires de caca à ne plus savoir quoi en faire, vous emmener aux toilettes pour vous prouver que rien de grave n'arrive à cette petite chose qui sort de votre corps, et vous promettre des cadeaux en échange de « caca dans le pot ». Minable.

Étape 5 : Faites-leur une fausse joie et, à la moindre contrariété, replongez...

• Au bout de quelques jours, ou quelques semaines (selon la résistance parentale), acceptez d'utiliser le pot. Vous ferez la fierté de vos parents et ils pourront avec joie annoncer à toute la famille que vous êtes propre.

• Évidemment, vous aurez toujours un moyen de pression sur vos parents grâce à cet apprentissage laborieux, puisqu'il vous restera la possibilité de replonger au moindre désagrément : naissance d'un petit frère, entrée à l'école un peu délicate, paroles un peu déplacées sur votre attitude.

PETIT NIAIS SUR LE POT

Le nain en goguette

Le nain prend le train

En règle générale, vous voyagez en voiture. C'est long, c'est barbant, les nains sont super-pénibles et passent leur temps à râler, à grignoter, à avoir envie de faire pipi et à demander : « C'est quand qu'on arrive ? » Mais, soyons honnêtes, un trajet en voiture, c'est juste un moment de pur bonheur à côté d'un voyage en train avec des nains.

Vive le train !

Depuis que vous êtes parents, vous êtes organisés. Non, pardon, vous êtes OR-GA-NI-SÉS… et vous le répétez à qui veut l'entendre ! Inutile de préciser que cette fameuse organisation propre à tout parent est plus qu'utile lors d'un voyage en train : elle est nécessaire à votre survie.

Ne souriez pas et essayez d'imaginer un banal trajet en TGV de deux heures, seul, en compagnie de deux nains. Les nains montent dans le train et sont déjà hystériques (car oui, c'est un véhicule inhabituel).

Les places repérées, les nains s'affaissent sur leurs sièges. Cette fois, vous avez pensé à payer votre place bambin, histoire que le nain ne voyage pas sur vos genoux. Belle initiative. Les voisins sont terrorisés, chacun prie pour ne pas vous avoir à ses côtés et la gentille mamie qui voit vos nains arriver près d'elle tente un misérable sourire compatissant. La pauvre, c'est elle qui va souffrir…

Les nains découvrent en quelques minutes tous les atouts du TGV : sièges moelleux rebondissants, tablettes re-montables, petites lumières qu'on peut allumer et éteindre à toute vitesse (hilarant) et… c'est tout. Ils regardent par la fenêtre et s'interrogent sur l'horaire de départ du train. Eh oui, ça vous paraît déjà trop long, mais le train n'est même pas encore parti.

Vivement le départ !

Enfin, c'est le départ. Après mille questions sur le sifflet, sur le ***« Qu'est-ce qu'il dit le monsieur dans le micro ? »***, les nains commencent à s'ennuyer. Déjà. Ils décident donc d'enlever leurs chaussures et ponctuent leur action par des ***« Beurk, ça puuuuue des pieds ! »*** bien sonores. Vous arrêtez le massacre et essayez plutôt de papoter avec eux. Raté, ils vous snobent et entament un débat de fond entre frères sur le sens de la marche du train. Le voisin d'en face ouvre un œil, vous souriez d'un air gêné. Le débat dérive rapidement vers le fameux jeu intitulé : « Répète ce que l'autre dit ». Ce qui nous donne :

— ***Arrête de répéter ce que je dis !***
— *Arrête de répéter ce que je dis !*
— ***Mais, heu…***
— *Mais, heu….*
— ***Je suis un caca prout !***
— *Je suis un caca prout !*
— ***MOUAAAAH !!! Il est un caca prout !***
— *NOOOOON…*

Vous mettez le holà avec un *« chuuuut »* inutile et la dame vous rassure en vous disant qu'elle aussi a eu deux garçons et que c'était bien du travail. Vous n'essayez même pas de lui dire que vous avez osé en faire un troisième, que c'est une fille et que si elle était avec ses frères, tout le wagon serait déjà dehors, terrassé par une overdose de décibels.

C'est le moment que choisit Moyen Nain pour demander à aller aux toilettes. Superbe, vous en rêviez. La traversée du wagon se fait sportivement en vous accrochant misérablement aux dossiers des sièges tout en tentant de retenir les deux nains. Dans l'espace confiné des toilettes du TGV, vous vous retrouvez avec vos deux nains qui deviennent hystériques en découvrant que la lumière se déclenche une fois le verrou poussé. La vie est formidable.

Vive les WC !

Les nains sont posés à même la cuvette douteuse, et vous réprimez un haut-le-cœur lorsque vous passez au-dessus du gouffre. Moyen Nain en a terminé et, pendant que vous gérez son frère, il décide de dépiauter le papier toilette rose et d'en faire des petites boulettes qu'il vous jette dessus, non sans les avoir humidifiées auparavant. Charmant et tellement hygiénique !

Vous vous pressez et savonnez les mains des deux coupables en leur interdisant de toucher à quoi que ce soit d'autre dans ce lieu hautement microbien. Une fois les mains des nains bien mousseuses, vous tentez d'actionner l'eau en passant votre main devant le petit carré détecteur de mouvements (ou est-ce photosensible ?). Quoi qu'il en soit, rien ne se passe et vous cherchez au sol la petite pédale à actionner pour déclencher l'onde rafraîchissante. Rien à faire, vous voici condamnée à utiliser le papier rose pour éponger les mains des nains. Pendant ce temps, Moyen Nain, lui, trouve que la pédale qui actionne la chasse d'eau est un jeu passionnant et ne se lasse pas de voir le liquide bleu ammoniaqué remplir la cuvette de l'angoisse. Vous l'arrachez à sa rêverie contemplative et vous les traînez tous les deux dehors. Ouf. Dix minutes de passées.

Vivement l'arrivée !

De retour à votre place, vous échangez un regard chaleureux avec la dame et vous dégainez votre sac rempli de trucs-pour-occuper-les-nains. Le reste du voyage se déroulera donc dans le calme (tout relatif) puisque les nains enchaîneront dégustation de Pringles et collage de stickers, dans les pages d'un cahier spécial « train et salle d'attente », et petit visionnage d'un dessin animé sur ordinateur parental.

Un texto envoyé au conjoint du style *« Je suis voiture 17 avec les nains, tu as intérêt à m'attendre sur le quai avec la petite si tu ne veux pas périr dans d'atroces souffrances »* vous assurera une descente du train tout en douceur.

MOI, SI J'ETAIS VOUS...

– **Si le trajet est un peu long,** réservez des places bambin pour vos nains. Ils seront mieux assis et vous aussi.
– **Côté occupations, pensez à tout :** nourriture, boissons, autocollants, crayons de couleur, petites voitures ou personnages, ardoise magique, lecteur de DVD (avec casques pour éviter le craquage des voisins), bonbons, livres.
– **Au moment de la réservation,** vous avez parfois la possibilité de choisir vos places sur plan. N'hésitez pas à choisir un carré « famille » qui comporte huit places entourées de deux vitres, ce qui limite les désagréments (et la honte).

Courage, fuyons !!

Le nain PREND L'avion

Qui n'a jamais rêvé de voyager au bout du monde avec ses nains ? Qui n'a jamais caressé l'idée de faire un superbe voyage en compagnie de sa progéniture curieuse et avide de découvertes ? Eh oui, pour beaucoup, voyager avec ses enfants, c'est un rêve, une douce chimère. Des images de familles bronzées posant sur une plage paradisiaque conquise après sept heures de marche dans la jungle...

Air cauchemar

Cependant, il me faut vous mettre en garde. Voyager loin = prendre l'avion. Et prendre l'avion avec vos nains, ça ressemble plutôt à ça.

Avant l'avion

Le nain AVANT l'avion est un nain excité. Il veut prendre l'avion, tout de suite, et n'a de cesse de vous demander si ***« C'est demain qu'on prend l'avion ? »*** C'est lourd, très lourd, mais voyez le côté positif des choses : vous pouvez largement utiliser la menace de l'avion dans moult situations de crise. Exemple : *« Allez, on rentre, c'est fini le toboggan. Et je te préviens, si tu fais une crise, on ne prendra pas l'avion. »* Oui, c'est vil. Mais très efficace.

Arrive enfin le jour J

Les nains sont excités comme des puces et vous peinez à les faire tenir en place. Vous avez déjà honte à peine arrivés, car ils crient pour tester l'écho de l'aéroport. Grand Nain s'échappe et va s'encastrer dans une pyramide de valises d'un groupe de vacanciers, et Moyen Nain hurle comme un marcassin car il veut sortir de sa poussette pour s'étaler dans les valises comme son frère. C'est le moment où vous vous félicitez de n'avoir pris que deux nains sur trois pour ce voyage. Le Mâle, quant à lui, vérifie pour la millième fois qu'il a bien tous les billets et toutes les pièces d'identité, que l'avion n'est ni annulé ni retardé, que le comptoir pour l'enregistrement n'a pas changé. Et vous ? Eh bien, vous avez très envie de faire pipi mais vous vous abstenez. Et l'avion est dans deux heures.

RADIN'AIR

Radin Air vous souhaite la bienvenue à Bord

Le vol

Le vol est long. Qu'il dure 1 h ou 12 h, il est long, trop long. D'ailleurs, vous ne prendrez plus jamais l'avion. Même pour l'Île Maurice, la prochaine fois vous irez en bateau. Ou vous n'irez pas. Tout compte fait, vous ne partirez plus jamais en voyage. Ou sans les nains. Arrivés dans l'avion, il vous faut repérer vos places. Le nain hurle : ***« Y a une place là ! y a une place là »***, car il n'a pas encore saisi le principe des places numérotées. Il va donc falloir traîner le nain jusqu'au siège 22C. Et l'envoyer valdinguer près du hublot pendant que vous jetez vous-même votre sac dans le minuscule compartiment à bagages avant que la horde de voyageurs vous passe sur le corps.

Les nains sont installés. Enfin, ils sont à deux sur le siège côté hublot. Le grand regarde les avions en commentant à voix (très) haute ses découvertes et Moyen Nain alterne bavage sur hublot et frappage sur la vitre. Les voisins songent à changer de place. On décolle. Et le vol commence vraiment. Les nains s'agitent. Comme vous voyagez léger, vous n'avez guère d'accessoires pour occuper les nains. Et les sandwichs givrés distribués gracieusement par la compagnie Radin Air n'intéressent pas les nains. En revanche, le jus de tomate, ils adorent. Surtout la touillette. Ils touillent et tapent sur le hublot avec la touillette. Formidable. Les voisins ont commandé un whisky sec. Deux même.

Après le jus de tomate, le nain doit faire pipi. Les toilettes sont minuscules. La chasse d'eau est bruyante. Votre nain aime. Vous, moins, puisqu'il ouvre la porte alors que vous n'aviez pas terminé. Vous retournez à votre place, marchant derrière le nain qui dit bonjour à tout le monde. Personne ne lui adresse un sourire. Tout le monde sait qui vous êtes dans cet avion. N'espérez pas une once d'empathie. Pendant le restant du vol, les nains s'amuseront à des jeux passionnants et peu énervants : jeter de doudou à travers la cabine, cris, remontage de tablette dans le dos du voisin et envie impérieuse de courir dans les allées.

Enfin, c'est l'atterrissage

L'arrivée est tout aussi périlleuse car personne ne veut vous laisser sortir (minable vengeance). À vous de rester assise et maintenir vos nains encore dix minutes pendant que défilent devant vous tous ceux qui auraient bien voulu vous faire la peau. Sortez donc une fois que tout le monde est parti. N'oubliez pas de saluer l'équipage. Ils sont restés polis. C'est leur métier, certes, mais c'est admirable tout de même.

Une fois débarqués, je vous conseille de fuir l'aéroport le plus rapidement possible. Et, surtout, de ne pas penser au retour.

Schéma nainesque de l'emmerdement maximum

Dis maman, c'est quand qu'on prend l'avion ???

MOI, SI J'ETAIS VOUS...

– **Si vous le pouvez, pour les petits vols,** essayez de voyager avec un bagage cabine. Cela vous évitera (en plus) l'attente devant le tapis roulant à bagages.
– **N'hésitez pas à emmener une poussette,** c'est un coupe-file tendance pour monter les premiers dans l'avion.
– **Prévoyez de quoi occuper les nains** (coloriages, jeux non bruyants, stickers, jeux sur votre tablette numérique, etc.)
– **Si vous voulez vivre ce moment exceptionnel, n'oubliez pas de vous y prendre à l'avance pour faire une carte d'identité (ou un passeport) au(x) nain(s).** Ça serait ballot de rater ça pour une histoire de délais trop courts, non ?

LES BONS PLANS
DU NAIN

Comment s'occuper en voiture ?

Sur le trajet des vacances, cher ami nain, tu t'ennuies. Comme je te comprends. La route est longue et il faut bien passer le temps. Afin d'égayer ton trajet, je te propose quelques petites idées autrement plus intéressantes que les jeux (niais) de ta mère (genre : allez les enfants, on regarde si on trouve des voitures rouges – totalement has been et pas franchement palpitant).

Jouer avec le pare-soleil : celui qui est fourni avec la voiture est assez sympa, car il se ré-enroule automatiquement si on tire dessus. Un bruit surprenant, un ré-enroulage rapide... de quoi faire bondir tes parents. Si ton pare-soleil est à ventouses (un superbe Némo, un mirifique Winnie the Pooh ou un fantastique Cars), n'hésite pas à tirer très fort. Au pire, tu le déchires (et tu pourras en demander un nouveau encore plus beau, genre Cars 2), au mieux, tu le décolles et ta mère sera obligée de baver dessus en faisant une moue dégoûtée pour te le recoller.
Gain de temps = 15 minutes

Regarder un petit DVD : oui, mes parents ont investi dans des petites télés qu'on accroche à l'arrière des sièges. Je sais, je sais, ils avaient dit : « Pas de ça chez nous. »
Mais, crois-moi, si les tiens sont encore récalcitrants, ça ne devrait pas durer. Trépigne, hurle, parle fort, dis que tu t'ennuies, jette les livres à travers la voiture et ronchonne en chouinant. Normalement, tu devrais obtenir gain de cause. Surtout si tes parents sont perdus et que leur GPS leur demande (avec insistance) de faire « demi-tour dès que possible ».
Gain de temps = de 1 h 30 à ... Jusqu'à ce que tes yeux te piquent et que tu commences à parler aigu.

Bouquiner un petit Tchoupi : bon, le bouquin c'est bien, mais on s'en lasse vite. Je te suggère donc de prendre un petit stock de livres, de déchirer quelques pages si tu t'ennuies (voire de les balancer par petits morceaux à travers la voiture). Tu peux également réclamer un stylo, histoire de crayonner sur les pages.
Gain de temps = 10 minutes

Crayonner : voir ci-dessus. À l'aide du stylo fourni plus haut, essaie de te crayonner les mains, les jambes et le visage. Tu peux également faire un peu de « peinture sur soi » sur ton frère, sur ta sœur ou sur tes nounours. N'oublie pas de t'appliquer, surtout si tu vas en vacances chez des amis peu amateurs de bonnes blagues (ou sans nains). **Gain de temps = 10 minutes**

Compoter : issu du latin *Pom'Potum*. Réclame une ***« compote abwaaaaare »*** avec aplomb à celui qui ne conduit pas. Geins légèrement. Puis, pose une noisette de Pom'potes sur tes doigts. Ensuite, laisse libre cours à ton imagination sur la vitre la plus proche de toi. Tu peux également tartiner ton siège auto, ton frère, etc.
Une fois la compote vide, n'oublie pas de jeter l'emballage à tes pieds.
Gain de temps = 5 minutes

Biscuiter : issu de l'anglais BN au chocolat. Réclame un ***« petit gâto au chocolat »*** avec aplomb à celui qui ne conduit pas. Ne geins pas trop (tu as déjà énervé tes parents avec la compote – et encore, ils n'ont pas vu l'état de la vitre). Une fois que tu as mangé la moitié de ton BN et que tu n'en veux plus, émiette-le avec douceur. Au-dessus de toi, au-dessus des affaires, sur ton frère, dans ton siège auto. Essaie d'éviter ton col de t-shirt, après ça gratte.
Gain de temps = 5 minutes

Chanter : chanter en voiture, c'est bon pour le moral. Hurler aussi. N'hésite pas à affirmer tes préférences musicales à haute voix. Je te propose ainsi de pleurer si on te met une musique qui abîme tes oreilles. Tu peux même trépigner, c'est assez tendance. Exige de la musique à base de lapins, de chats, de petits escargots et de taupinettes. Si tes parents n'accèdent pas à tes requêtes, n'oublie pas de leur pourrir leur groove à l'aide de questions qui mettent mal à l'aise (mort, sexualité ou question impossible type système solaire, etc.).
Gain de temps = 15 minutes

Se disputer : ne marche que si tu as des frères et sœurs. Tous les coups sont permis : cris, tapes dans la tronche, batailles de pieds, coups de peluches sur la tête, secouage de sièges autos. N'oublie pas de pleurer et de faire de la délation (surtout si ton frère biscuite ou « pom'pote » dans son coin). En clair, de bonnes minutes de cris, de pleurs et de menaces parentales (« On vous arrête sur la prochaine aire et on vous offre à des gens qui sont patients »). **Gain de temps = 15 minutes** (au-delà, tu risques la punition).

Pipiter (ou cacater) : comme son nom l'indique, cette activité consiste à réclamer un lieu d'aisance le plus de fois possible dans l'heure. Quand on veut. Si on a des frères et sœurs, il est très intéressant de réclamer en alternance afin d'augmenter le gain de temps. N'oublie pas d'attendre de ne plus en pouvoir, histoire de bien stresser tes parents (l'urine d'enfant sent fort et s'incruste rapidement dans les sièges autos).
Gain de temps = 10 minutes toutes les heures (mais, à la longue, ça énerve tout de même le parent).

Gerbouiller : cette activité est moins drôle pour toi, mais elle est vraiment assez amusante à regarder. Afin de pimenter un peu ton trajet, n'hésite pas à vomir tout ton petit déjeuner en jet puissant sur le siège devant toi.
Et sur toi. Tourne un peu la tête et tu pourras même « pourrir » ton voisin. Ajoute à cela des pleurs incessants et un hoquet persistant et le tour est joué. Si tout va bien, tes frères/sœurs devraient vomir aussi grâce à l'odeur. Et l'arrêt nettoyage devrait te permettre d'aller jouer sur les jeux de l'aire d'autoroute la plus proche.
Gain de temps = 10 minutes
(mais c'est long quand ça sent le vomi).

Rire : parce que c'est encore ce que tu sais faire de mieux. Tu peux rire de pas mal de choses en fait (surtout si tu es accompagné de collègues nains). Du trognon de pomme jeté devant toi et qui atterrit sur les cheveux de maman. De ta tétine qui rentre très bien dans tes trous de nez. De la dame du péage qui est moche (surtout si tu le cries fort). Des gens à qui tu fais des grimaces (alors que tes parents pensent que tu fais juste coucou) et qui te font des appels de phare.
Gain de temps = 20/30 minutes.
Au-delà, ton rire hystérique agace tout de même, hein. Tu es mignon, mais n'abuse pas !

Voilà, je crois que tu es paré, ami nain. Bon voyage ! Courage à toi, les parents sont assez pénibles en voiture, mais c'est normal, tu sais, ils ne savent pas s'amuser et profiter de ces merveilleux moments en famille...

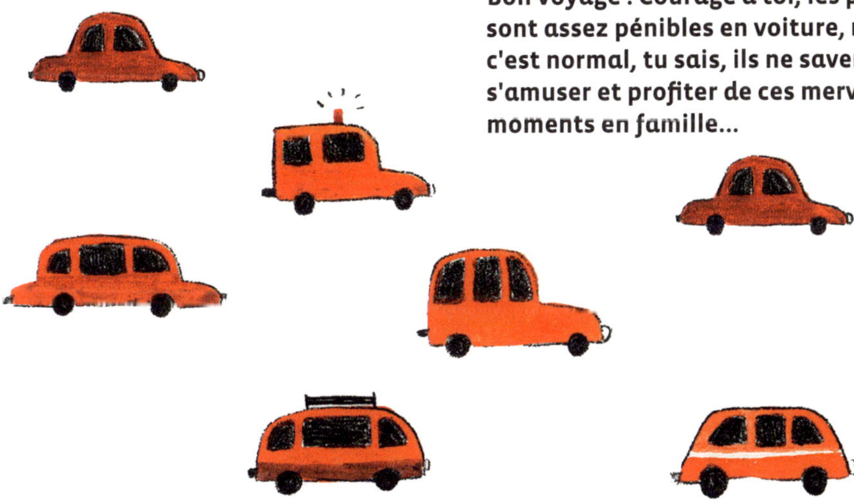

Compter les voitures rouges ?
has been ... ringard

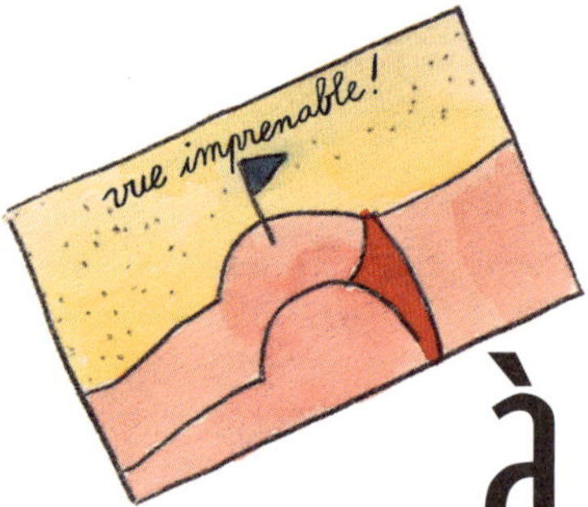

Le nain à la mer

La mer est turquoise, le sable est brûlant, mais vous avez aux pieds vos somptueuses tongs bling-bling assorties à votre bikini minimaliste et à votre paréo (évidemment). L'après-midi se déroulera parfaitement, entre baignades dans l'eau fraîche et discussions avec votre amoureux sur votre avenir commun, entre baisers langoureux et glace dégustée à deux…

— ***Maman ???***
— *Quoi, Moyen Nain?*
— ***Il est où mon maillot Cars, je trouve pas mon maillot Cars ?***
— *Je sais pas, moi, le nain, sur le truc à linge, non ?*
— ***Ah oui, merci maman.***
— ***Maman ??***
— *Quoi, Grand Nain ?*
— ***Il est où mon maillot Spiderman, je trouve pas mon maillot Spiderman ?***
— *Je sais pas, moi, le nain, à côté de celui de ton frère sur le truc à linge, non ?*
— ***Ah oui, merci maman.***
— *Chériiiiie ?*
— *Mais QUOI ?*
— *Je trouve ni le maillot de la petite, ni le mien, tu ne les as pas vus ?*
— *Tu blagues, là ?*

Non, il ne blague pas. La mer en famille, c'est, heu… comment dire, différent. Le sac de plage tout d'abord. Adieu cabas pailleté chichement rempli, bonjour cabas cheap estampillé « supermarché » qui déborde de mille choses pour nains. Les nains ont, en effet, besoin de pas mal d'accessoires pour la plage et le tout pèse son poids : pelles, seaux, bouteille d'eau et petits goûters, serviettes pour tous et sac à maillots mouillés, petits t-shirts moulants anti-UV, bonbonne de crème solaire et magazine parental pour se donner un espoir de détente.

Et sur la plage ?

Adieu paréo léger, bonjour serviettes Hello Kitty et Bob l'Éponge sableuses, parasol anti-UV voire tente pop-up si c'est votre première année à la plage avec les nains. L'année prochaine, puisque vous aurez connu l'épreuve honteuse du repliage en public, vous ferez comme tous les parents et achèterez un parasol.

Le magazine restera au fond du cabas puisque vous n'aurez probablement pas le temps de le lire : la plage avec les nains, c'est du sport. Il faut commencer par les mettre en maillot si vous n'avez pas eu l'intelligence (ou la possibilité) de le faire avant.

Tout le monde est prêt, il faut maintenant tartiner tout ce petit monde de crème solaire indice 50, collante et gluante. Les nains sont enduits, ils luisent et veulent maintenant aller dans l'eau. Chouette, c'est un peu la raison d'être de la plage. Attention cependant, un nain acceptera de se baigner :

- tôt le matin ou tard le soir, rapport à son confort UV,
- si les vagues ne sont pas trop agressives,
- s'il n'est pas médusophobe ou requinphobe (ou même poissonphobe),
- si l'eau n'est ni trop froide, ni trop salée,
- si on voit le fond et qu'il n'y a pas d'algues trop beurk à son goût,
- si le sel de mer ne lui irrite pas ses horribles- égratignures-super-graves-des-genoux,
- s'il peut s'accrocher à un de ses parents comme un koala sous acide, même par vingt centimètres d'eau.

En fait, ce que le nain préfère à la plage, c'est le sable. Il en a partout et s'en fiche. Il se vautre dedans, creuse des trous, vous donne des ordres quant à la construction du château de ses rêves, et n'hésite pas à s'asseoir à califourchon sur vous alors que vous aviez fait très attention de ne pas déposer un seul grain sur votre serviette. Il pousse même le vice jusqu'à s'enfourner des poignées de sable dans le bec, histoire de goûter si ça croustille. Et ça croustille.

Activités de plage

Les activités à la plage avec des nains sont pourtant fascinantes.

• Chercher des coquillages ou des cailloux pour en faire des collections (super) ou pour les peindre (youpi, deux activités en une).
• Faire un château ou une montagne si vous n'êtes pas manuel (sous le regard tyrannique du nain feignant).
• Creuser un trou que la mer remplira (toujours sous le regard et les ordres secs du tyran).
• Retrouver les casquettes des nains, jetées sur la plage au petit bonheur, parce que, quand même un chapeau, c'est nul.

Enfin, vient le moment du goûter où les nains mangent leurs barquettes à la fraise pendant que vous gérez les gorgées d'eau. Vous vous retrouvez ensuite à terminer les barquettes tombées dans le sable puis à tenter de boire une mini-gorgée d'eau en évitant les sous-marins-mietteux. Un régal.

Le Mâle propose ensuite de marcher en famille au bord de l'eau et vous voici tous les cinq, jolie famille... Grand Nain fait trois mètres et trouve que c'est fatigant de marcher. Moyen Nain hurle à chaque fois qu'une vague lui touche le pied et Micronaine tend les bras vers un adulte-esclave puisqu'il est hors de question que ses divins pieds touchent cette matière inconnue qui croustille dans la bouche.

Vous vous retrouvez donc à faire demi-tour, deux nains dans les bras et un dernier qui ronchonne parce que, en plus, il a ***« super envie de faire pipi et qu'à la plage, c'est trop nul, il n'y a même pas de toilettes »***. Vous repartez rougis, fatigués et sableux, traînant cabas et nains derrière vous, croisant des couples d'amoureux qui vous regardent avec un sourire crispé et d'autres familles qui vous lancent un regard solidaire.

Les nains dormiront bien ce soir, c'est déjà ça.

MOI, SI J'ETAIS VOUS...

– **Préparez les nains avant la plage** (maillot, crème solaire), ça vous fera économiser du temps et de la sueur sur place.
– **Emmenez avec vous** des petits jouets en plastique à enterrer, toujours plus intéressants que le château de sable avant 5 ans.
– **Oubliez les jeux de ballons, de frisbee et de raquettes avant un certain âge.** Le nain est malhabile (et mauvais joueur).

Le nain et la neige

Le nain n'aime pas la neige. Enfin, si, il finit par aimer la neige (vers 5 ans). Mais, de prime abord, le nain trouve que la neige, c'est (au choix) : froid, nul, pourri, mouillé, froid et surtout que c'est froid.

Le collant qui gratte

Lorsque vous décidez d'aller à la montagne, le Mâle et vous, accompagnés de vos nains, vous pensez que c'est une excellente idée, que l'air pur va leur faire du bien, que les parties de luge vont durer des heures, que les constructions d'igloo seront des souvenirs impérissables et que vous pourrez même essayer de faire skier le grand pour la première fois.
Ah, ah, ah. Si vous avez souri en lisant ces lignes, c'est que vous avez également tenté ce genre de vacances un peu trop tôt.

Partir à la neige avec un micronain, c'est encore le moins pénible.
On le fourre dans une combinaison pilote et l'affaire est dans le sac (comme le nain d'ailleurs). Il est emmitouflé, enrobé de mille couches (parents inquiets) et se laisse tirer tel un prince russe dans une mini-luge à dossier.

La vie est dure. Mais votre micronaine, là, qui a 18 mois, ce n'est rien qu'un boulet de neige. Elle ne veut pas mettre de collant (qui gratte) et pas de pull à col roulé (qui l'étouffe). Elle n'hésite pas à « pourrir » sa couche dès que la combinaison de ski aux mille fermetures Éclair est enfilée et trouve que la cagoule irrite-menton n'est pas nécessaire. Pas plus que les moufles à fil ou que l'écharpe à trou pour y enfiler l'autre passant. La tenue de ski, Micronaine trouve que c'est franchement de trop. En plus, comme elle doit patienter tout engoncée dans l'entrée avant que ses frères soient prêts, elle s'énerve, hurle, sue et finit par arracher tout ce qui dépasse. Zen…

Raclette au sommet ?

Les grands, eux, trouvent que c'est la classe de se vêtir ainsi et ils pourraient vivre en collants et en combinaison de ski si on leur en donnait le droit. D'ailleurs, vous n'aurez aucun mal à faire enfiler une salopette de ski à votre grand nain. En revanche, bon courage pour lui faire enlever au moment du repas et du coucher. Voici les nains prêts. Il ne reste que la petite à rhabiller et vous pouvez sortir en famille dans la neige.

La neige qui fait mal

Ah, quel bonheur les jeux de neige ! À côté, la plage, c'est vraiment un truc de chochottes. Pour la petite, c'est simple et basique : elle touche la neige (froid), mange la neige (froid-grimace), ramasse la neige (froid) et la lance (sur elle-même, donc chouine et veut rentrer).

Moyen Nain et Grand Nain sont un peu plus évolués. Ils veulent faire un bonhomme de neige mais n'arrivent pas à saisir le concept de construction. Le Mâle s'y colle puisque vous avez déjà dû récupérer la petite chouineuse qui, en plus, n'arrivait pas à marcher avec ses bottes. Les nains et leur père tentent alors de faire un bonhomme correct, enfin, le Mâle fait un bonhomme et les nains apportent des petites pelles de neige, histoire de se donner bonne conscience. Ils tapotent le corps du bonhomme, ça les occupe. La petite veut descendre taper sur le bonhomme aussi, ça a l'air drôle. Le Mâle, facétieux, envoie une petite boule de neige sur Grand Nain. Qui riposte en riant. Le Mâle, trop facétieux, envoie une plus grosse boule sur Grand Nain. Qui la prend en pleine tronche. Qui hurle : ***« T'es pas drôle Papa ! »*** Non, le Mâle n'est pas foncièrement très drôle…

Après l'épreuve bonhomme de neige, il vous reste à faire un petit tour de luge. La petite est gelée mais veut absolument faire son pacha dans la luge. Moyen Nain refuse de tirer son traîneau (***« C'est trop difficile maman »***) mais vous le récupère en haut de la pente, ayant retrouvé toute son énergie. Les nains et le Mâle, ce grand enfant, font une, puis deux, puis trois descentes. Vous remontez les luges. Passionnant. Moyen Nain finit par faire une mauvaise chute sur une bosse. Il hurle. Il veut rentrer (ça tombe bien, vous aussi). Grand Nain, lui, aime encore assez faire de la luge, même s'il ne comprend pas vraiment l'intérêt de se vautrer dans la neige à l'arrivée (contrairement au Mâle). Il est trempé. Il pleure.

Le linge qui pend

Vous décidez de rentrer, puisque deux nains sur trois pleurent et que la petite dernière émet un son chouineur continu depuis environ 15 minutes.

Dans l'entrée minuscule, commence l'opération « déshabille ton nain », entre morceaux de neige tombés au sol qui fondent en flaques spéciales chaussettes, et accessoires trempés qu'il faudra étendre pour faire sécher. Les nains sont congelés et balancent leurs affaires en secouant mains et pieds.

À vous de vous baisser pour ramasser, avant de vous dévêtir à votre tour et de poser tout ce que vous trouvez sur des radiateurs disponibles, pendant que les nains goûtent en se disant qu'ils retourneraient bien faire un petit coup de luge après.
Vous riez jaune et décidez d'un commun accord avec vous-même de planquer les bottes des nains dans un placard. Et d'allumer la télé pour un petit dessin animé.
Le ski, ça sera pour l'an prochain, non ?

MOI, SI J'ETAIS VOUS...

– La neige, c'est chouette, mais c'est froid. Entre 0 et 2 ans, le nain ne voit pas grand intérêt à être véhiculé en luge par –15 °C, alors si vous voulez profiter de la neige, confiez le nain aux grands-parents quelques jours.

– Côté vêtements, privilégiez la facilité à la mode. Écharpes en col à enfiler, cagoules en polaire, moufles à zipettes pour doigts boudinés, bottes à scratch (plutôt qu'à lacets). Vous vous en féliciterez le moment venu.

– L'air de la montagne peut calmer mais il peut aussi exciter les nains. À votre avis, comment va réagir le vôtre ? (J'ai ma petite idée.)

LES BONS PLANS
DU NAIN

Le petit manuel du campeur junior

Le truc encore plus sympa en vacances, c'est le camping. Je ne sais pas pourquoi, mes parents ne sont pas de grands fans... Pourtant, pour les nains, c'est extra. Pour réussir ton séjour au camping, je te laisse lire ce Petit manuel du campeur junior, que j'ai moi-même rédigé l'été dernier.

1. S'installer intelligemment

Tu as le choix : tente ou mobil home. Avec des petits nains, le mobil home est souvent la solution préférée des parents, histoire d'avoir des pièces pour nous parquer la nuit venue et une kitchenette pour nous faire manger chaud (oui, la salade, c'est beurk).

Si tu loues un mobil home : il te faudra choisir évidemment celui coincé entre deux couples sans enfants qui bossent, EUX, toute l'année et qui veulent un peu de calme. Débarquer dans le mobil home à l'heure de la sieste et déballer tous ses jouets sur la mini-terrasse me semble être primordial. Ne pas oublier de pousser des hurlements de joie à chaque voiture retrouvée. Éventuellement, s'engueuler avec son frère si celui-ci a le malheur de poser une de ses sales pattes sur notre voiture fétiche (toutes, en fait). Et terminer par un vidage de la caisse de jouets en sautillant sur place.

Si tu plantes ta tente : n'oublie pas de t'installer entre Bébert le Bulldozer, ancien routier à la retraite qui boit son pastaga avec Gégé (le voisin d'en face) tous les soirs, pendant deux heures, avant d'attaquer les maquereaux au barbecue et la petite belote bi-quotidienne. Laisse, bien évidemment, tes parents s'occuper du montage de la tente et profite de l'énervement ambiant pour leur demander soixante fois à voix (très) haute : ***« Quand est-ce qu'on va à la pisciiiiine ? »***. Marche aussi avec ***« la meeeer », « le toboggaaaaaan » ??*** Le tout étant de faire un maximum de bruit.

Home Sweet

Mobile Home

Ne pas hésiter à reprendre toujours la même structure de phrase, avec exactement les mêmes intonations traînantes. Poursuis tant que tes parents sont en train de vider la voiture, le coffre de toit, traîner des sacs qui pèsent une tonne à bout de bras sous 38 °C.

2. À l'intérieur

Du mobil home : sauter sur les lits en hurlant ***« Hip Hip Hip HOURRA »*** (sans se lasser) pendant que maman fait les lits (alors qu'elle a dix centimètres de jeu entre le matelas et le mur). Continuer indéfiniment jusqu'à ce que maman crie, voire plus. Ne pas oublier de faire le saut de trop qui termine sur le coin de la table de nuit. Histoire d'utiliser la trousse de secours pour la quatrième fois des vacances.

Et ne pas oublier de hurler comme un goret qu'on égorge lorsque maman appliquera une touche d'antiseptique sur la terrible blessure... Histoire que les voisins pensent que tes parents sont maltraitants.

De la tente : pas besoin d'attendre que ton micro-matelas soit en place pour fabriquer une cabane avec les draps et les sacs de couchage. Tu peux aussi dézipper le tout et t'enrouler dedans comme un rouleau de printemps, faire quelques pas et tomber sur la toile de tente, c'est très drôle... Amuse-toi à descendre et à remonter la moustiquaire tout en appuyant ta tête dessus, si ton frère est à l'extérieur, gageons que ta tronche écrasée le fasse hurler de rire.

3. Pendant les repas

Sur la terrasse du mobil home ou devant la tente, n'oublie pas de faire une colère. En fait, il te suffit de :

• refuser ce plat « dégueu » (ce ne sont pas des nuggets ? C'est donc « dégueu ») surtout s'il est froid,

• renverser malencontreusement son verre d'eau sur son frère (en lui balançant à la tête),

• faire tomber une cuillère entre les lattes de la terrasse si tu es sur la mini-terrasse du mobil home (chaque cuillère sera décomptée du chèque de caution, ne l'oublie pas, alors ça énerve) ou bien dans l'herbe (c'est beurk et il faudra qu'un parent nettoie ça),

• te barbouiller de Danette au chocolat.

Les voisins apprécieront ce repas partagé collectivement, dans la joie et la bonne humeur.

4. Aux jeux

N'oublie pas de râler. Parce qu'il y a du monde, parce que le toboggan est chaud (pour ton délicat fessier), parce que personne ne te pousse sur la balançoire, parce que les grands te passent devant au toboggan. Tu peux donc alpaguer ton père ou ta mère en criant, ça résonne particulièrement bien. Tu peux également balancer des gravillons sur le toboggan... ça crépite. N'hésite pas à le faire même si tu t'es levé tôt et que tu es aux jeux dès 7 h 30. Les gens qui choisissent de camper doivent assumer.

5. Dans le camping

Si tu te promènes dans le camping, parle à voix haute en critiquant les gens ou en posant des questions délicates. Sur tout et rien. Sur la grosse dame avachie dans son transat, sur les jeunes qui fument (***« C'est trop pas bien maman »***). Sur le toutou moche et sale, sur le vacancier allemand en chaussette dans ses sandales.
La règle : mettre la honte à tes parents. Tu sais très bien le faire...
Tu peux également alterner avec des chouinements pour cause de cailloux dans les sandales. Il te suffit de marcher en traînant des pieds jusqu'à ce que tu chopes un petit caillou dans ta godasse. Puis, arrête-toi, pleure et refuse d'avancer. Parce que tu as un ***« caillouuuuu »*** et que ***« ça fait trop maaaaal »***. Et que ***NON*** tu ne peux pas l'enlever seul.

Voilà, cher collègue nain, quelques astuces pour que tes parents profitent au maximum de leur séjour en ta compagnie au camping. Cela dit, tu remarqueras que tes parents préfèrent souvent éviter ce genre de vacances depuis que tu es né... Va savoir pourquoi...

En dolby surround,
a capella et sans trucages !

Le manège

Vous avez essayé de l'éviter, ce manège. Oh que oui. Vous avez pris mille petites rues pavées, vous avez contourné le lieu maudit, vous avez fait des détours. Mais c'était sans compter cette musique entraînante qui s'en échappe. Les oreilles du nain, affûtées, ont tout de suite reconnu l'appel de la voiture Oui-Oui, le cri de la moto de police, le chant envoûtant du camion de pompiers.

Pas la poule !

Et vous voici donc avec deux nains à la limite de l'hystérie qui réclament « Le manège ! Le manège ! » Une chance que la petite ne soit pas là. Comme vous n'êtes rien qu'un parent sympathique (et très facile à traquenarder), vous vous rapprochez du lieu.

Il est superbe, de toute beauté, les yeux des nains brillent. Ils trépignent et regardent avec attention le manège qui tourne sous leurs yeux. Ils cherchent dans QUOI ils vont pouvoir monter quand il va s'arrêter. Ils ont choisi, ça sera le camion de pompiers (oh, quelle surprise !). À peine le manège est-il arrêté que tous les nains agglutinés autour se précipitent vers les véhicules libres (quitte à dégager le nain précédent de manière un peu brutale).

D'ailleurs, trop tard, une jeune maman légèrement hautaine a placé ses deux nains dans le camion de pompiers. Elle est fière et recule en leur faisant coucou de la main. Tes nains restent pantois devant le camion et le petit commence à chouiner.

« Bon, c'est tout les nains, le camion est complet. Vous voulez aller sur quoi alors ? » Vous faites un tour d'horizon… *« Bien, il reste la girafe Grand Nain et hôôôô comme c'est mignon, la petite poule pour toi Moyen Nain… Vous avez vu, vous pouvez vous mettre sur son dos… »* Les nains vous regardent, interloqués. Vous ne pensez tout même pas une seule seconde qu'ils vont aller sur un animal, quand même ?? Non, non, le nain ne s'abaissera pas à monter sur le dos d'une bestiole. Les nains, d'un commun accord, préfèrent attendre le tour suivant pour se ruer sur les nains au caban propre et les dégager du camion de pompiers.

Eh ouais !

Vous acquiescez et vous voici repartie pour suivre le prochain tour de manège du regard, avec deux nains (encore plus) excités.

Oui, l'hélicoptère !

Le tour s'achève et vos nains se ruent sur le camion. Moyen Nain hurle en actionnant la sirène et Grand Nain ricane bêtement. Ils sont hilares. Vous les regardez fièrement (vous avez un peu honte aussi).

Grand Nain tend son ticket au monsieur du manège. Moyen Nain tend son ticket (humide d'avoir été suçoté) au monsieur du manège (qui a la décence de ne pas prendre un air dégoûté mais continue à ramasser les tickets, l'air de rien). Ça y est, le tour démarre. Les nains sourient. Ils vous font coucou (en hurlant) à chaque fois qu'ils passent devant vous. Vous criez *« coucou »* à chaque fois. Lamentable.

Le tour se poursuit, mais on sent les nains moins concentrés, car ils remarquent que le manège ralentit petit à petit. Ils commencent à inspecter les environs pour le tour suivant. Sur QUOI vont-ils bien pouvoir monter maintenant ??? Le manège ralentit, s'arrête et c'est de nouveau la cohue. En moins de trois secondes, les nains sont installés dans l'hélicoptère et vous précisez que c'est le dernier tour.

Et c'est reparti. Les nains tournent, montent et descendent. Petit Nain a l'air un peu pâlot, surtout que son frère aime bien monter tout en haut et descendre par à-coups. Ils ricanent, s'amusent et vous regardent d'un air mignon... Et puis l'hélicoptère redescend automatiquement et c'est terminé.

Encore un tour, maman !

Grand Nain tente un coup de bluff et va s'installer sur la moto. Moyen Nain, le pauvre, n'arrive pas à sortir du manège (tout engoncé qu'il est dans son anorak) et vous l'attrapez très facilement. Et de un. Grand Nain vous regarde avec des yeux humides.

— *Non, Grand Nain, on avait dit que c'était le dernier tour.*
Les yeux de Grand Nain s'emplissent de larmes et sa lèvre tremblote.
— *Encore un sil-te-plé mamanchérie.*
— *NON, j'ai dit NON, c'est NON*
(au cas où le nain n'ait pas compris le message).
— *Si ! Moi je veux !*
Plus de larmes mais de la colère (le nain est un excellent comédien).
— *On n'a pas toujours ce qu'on veut le nain* (moi, par exemple, je voudrais bien dormir la nuit). *Et vous avez déjà fait deux tours, DEUX TOURS* (toujours bien insister sur le nombre de tours qu'on a eu l'extrême gentillesse d'octroyer au nain).
Je pense que ça suffit, il est l'heure de rentrer et si vous faites une colère on ne viendra PLUS JAMAIS au manège.
Toujours avoir l'air crédible, donc éviter cette dernière phrase qui, manifestement, ne l'est pas.

Mais vous savez pertinemment que, la prochaine fois, vous craquerez de nouveau, rien que pour voir les étoiles dans les yeux de vos nains, rien que pour voir leur sourire, rien que pour répondre à leur petite main qui s'agite, rien que pour avoir votre cœur de maman qui se serre en se disant que le temps passe trop vite.
Et rien que pour avoir, aussi, dix minutes de pause.

Pompon professionnel flambant neuf

Pompon footeux

Pompon récup, en fin de parcours

Pompon de la flemme

MOI, SI J'ETAIS VOUS...

– **Prévoir à l'avance** le nombre de tours octroyés et prévenir le nain. Le lui rappeler à chaque tour.
– **Ne pas craquer pour un tour de plus,** sinon, c'est fichu pour la fois suivante.
– **Enchaînez sur une autre activité très rapidement,** changez de sujet et ne repassez pas devant ce lieu de convoitise.

Le zoo

Le nain est l'ami des animaux, vous le savez. Il voudrait adopter tous les chats pelés du voisinage, caresser tous les chiens qu'il rencontre. Même le caniche nain abricot dont le poil est tout collé-puant, même le yorkshire à mémé avec son manteau écossais, eh OUI, même le pitbull du voisin...

Animal-friendly

Le nain est donc animal-friendly, c'est un fait. Et vous ? Eh bien, vous suivez... Il vous faut donc faire fi de vos craintes puériles et :

- tendre une carotte moisie à l'âne du coin en espérant qu'il ne vous emporte pas la main,
- placer de l'herbe sèche dans votre main en la gardant bien plate pour nourrir le poney obèse. Un conseil cependant, si vous avez peur, faites comme moi et mettez la main du nain dans la vôtre. Il sera rassuré et, de votre côté, vous ne prenez aucun risque,
- passer de longues heures à contempler poules, coqs, lapins et hamsters rencontrés au gré de vos pérégrinations quotidiennes à la jardinerie du coin, ou chez la petite voisine...

Ces constatations sur la niaisitude animale du nain vous permettent aisément d'établir la conclusion suivante : le nain aime surtout l'animal basique. Le petit nain, j'entends. Inutile donc d'emmener le nain au zoo avant ses deux à trois ans.

Parce que je ne sais pas, vous, mais personnellement, aller payer environ 25 euros (par adulte) pour donner du pop-corn (payant) à des biquettes (farcies du dit pop-corn), je trouve ça légèrement agaçant.

La biquette, Toujours un franc succès !

Une fois que votre nain est capable de s'intéresser à autre chose qu'aux poulets/lapins/cochons, vous pouvez essayer une sortie au zoo. En caisse, n'espérez pas gruger sur l'âge du nain, c'est une vraie balance ! Il ne dira pas qu'il a moins de 3 ans s'il s'avère qu'il a 3 ans révolus. Le nain est un fourbe.

— **Il a quel âge le petit, là ?**
— *Heu, il aura 3 ans le mois prochain.*
— ***Ah non maman, z'ai 3 ans et demi, moi, madame.***
— *Hi hi hi* (rire débile de la mère tentant de justifier un mensonge pitoyable).
— **Eh bien, Madame, ça fera 22 euros pour le nain alors.**
— *Oui oui, du coup, je vais lui prendre deux paquets de pop-corn alors* (un pour les biquettes, un pour le nain).

Quand se rendre au zoo ??

Il semble évident d'éviter si possible les vacances scolaires. De toute façon, peu importe la date choisie, mon conseil reste le même : privilégiez une arrivée matinale. Deux raisons à cela : le nain est plus frais et les biquettes sont à jeun.

Côté planning, il est de bon ton de commencer par les animaux du genre éléphants, girafes, rhinocéros car, mine de rien, le nain se lasse vite. Dès le matin, foncez donc vers l'enclos des bêtes féroces et sauvages (non, pas les biquettes) et votre nain, tout émerveillé, vous en sera éternellement reconnaissant. Surtout si vous pique-niquez dans le coin (votre côté safari) et qu'il y a des Pringles de prévu. Le nain, en balade au zoo, avance relativement vite. Il n'aime pas attendre des heures devant la vitre que Môssieur le Léopard daigne déplacer son petit popotin.

Non, il arrive près d'un enclos et demande tout de go :

— ***C'est quoi ça, papa ?*** (oui, car le Mâle est un grand spécialiste de la faune et de la flore selon le nain).
— *Heu...* (là, le Mâle lit le panonceau qui explique ce qu'il y a dans l'enclos). *C'est un* **Felis silvestris**.
— ***Un quoi ????***
— *Bah, c'est un chat qui vit dans la forêt, le nain.*

Quand partir du zoo...

Avant de repartir, assénez le coup de grâce au nain :

— *On va voir les biquettes ??*
— ***Ouiiiii, les biquettes.***

Ne cherchez pas pourquoi, la biquette est encore la reine de la fête. Elle chope les pop-corn des doigts des nains qui rient aux éclats. Vous, la langue rose de la biquette, vous trouvez ça dégoûtant. Vous avez bien raison, mais, le nain, lui, trouve que ***« ça fait des guili, maman »***. Après environ quatre heures de zoo, il est temps de rentrer. Passez rapidement par la boutique (je vous conseille un passage en courant avec nain dans les bras pour éviter tout achat inutile). Le nain est ravi de sa sortie. Et vous aussi. Puisqu'il dort sur le trajet du retour.

MOI, SI J'ETAIS VOUS...

– **Essayez de prévoir un pique-nique** car, en règle générale, dans les zoos, tout « coûte un bras » ; de plus, le nain adore pique-niquer.

– **N'oubliez pas, si votre nain est faiblard,** de prévoir une poussette ou un moyen de portage, histoire de ne pas avoir à le trimballer sous le bras lors du fameux coup de barre de l'après-midi.

Médaillé d'or de la vie sociale !

Le nain
en société

Salut, poulette !

mon nain à moi SERA POLI

Vous n'êtes pas sans savoir que le nain aura un jour à affronter la vie, la vraie. Eh oui, bientôt, votre nain devra être montré en société... et vous exposer à la critique facile. Pour vous préparer à tout cela, je vous propose de revoir rapidement les règles de base de la politesse du nain à travers une liste non exhaustive de situations.

Le nain rencontre autrui

Le bonjour : le nain est amené à rencontrer d'autres visages que les merveilleux faciès de ses divins (et modestes) parents. Il faut donc lui apprendre à saluer. Rassurez-vous, en règle générale le nain dit « bonjour » assez facilement, il lève parfois même sa mimine pour accentuer la salutation (il est assez fan du bonjour façon « Queen of England »). En cas de grande fatigue, le nain peut également se laisser aller à des salutations plus, comment dirais-je, déplacées, du genre:

— ***Salut les gosses !***
— ***Salut les poulets !***
— ***Salut caca boudin !***
— ***Salut chien-chien !***

(Exemples pitoyables tirés de ma propre vraie vie.)

Le bonjour est important et le nain y vient d'autant plus facilement si vous êtes respectueux de cette formule de politesse. Pour le « au revoir », c'est la même chose. Le nain n'est pas obligé de faire un bisou mais se doit de dire au revoir.

Qu'est ce qu'on diiiiiiit ?: eh oui, le nain, on dit « merci » et « s'il te plaît ». Ce qui nécessite parfois de votre part à répéter : *« Je n'ai pas entendu le mot magique ? », « Je n'ai rien entendu, là, le nain ? »* Le « merci » et le « s'il te plaît », c'est un peu comme les salutations. Si vous le faites de manière automatique, le nain fera pareil. Ensuite, à vous de trouver des formules de remerciement qui VOUS conviennent telles que : *« On dit : s'il te plaît papa chéri »* (Le Mâle qui aime avoir l'ego flatté) ou bien *« Merci maman que j'aime »* (ça, ce n'est ab-so-lu-ment pas moi).

Le nain est de sortie

Que ce soit chez des amis, en courses, chez le médecin ou tout simplement chez mamie (tolérante et adepte du *« Faut bien qu'ils vivent ces nains »*), le nain doit respecter un minimum de règles de savoir-vivre. Eh oui, s'il y a des choses qu'on a le droit de faire chez soi, on ne les fait pas forcément chez les autres. Surtout si on veut pouvoir y revenir.

Exemple 1 : si le nain a le droit de monter debout sur les accoudoirs du canapé pour se jeter dans les coussins en poussant des cris de castor heureux, chez vous, veillez à ce qu'il ne fasse pas la même chose sur le canapé Roche-Bobois en croûte de cuir de chameau cramoisi lustré à la main par des artisans berbères de chez Charles-Edmond et Marie-Charlotte.

Exemple 2 : en courses. Expliquez au nain que la caissière n'est pas notre amie. Même si elle est très gentille. Donc, on ne lui dit pas ***« Salut poulette ! »***

Les gros mots

Nous sommes d'accord, « caca boudin » n'est pas à proprement parler un gros mot. Mais, croyez-moi, lorsque le nain commencera à remplacer les trois quarts de ses mots par cette charmante locution, vous n'aurez pas d'autre choix que de décréter qu'il fait partie de la liste *« des-mots-que-je-ne-veux-pas-entendre »*. Eh oui, le « caca boudin » est un ennemi tenace, résistant et valeureux.

Pour les gros mots, pas de solution exceptionnelle si ce n'est de faire attention vous-même. Eh oui, à force de vous entendre dire *« put**! »*, *« et m… ! »* à chaque fin de phrase, le nain finit par faire pareil.
À force de vous entendre grommeler *« pétasse, va ! »* quand vous sortez d'un magasin de vêtements trop étroits (évidemment), vous prenez le risque que le nain salue les vendeuses par ce doux qualificatif lors de votre prochaine visite.

En clair, pour les gros mots, il vous faut préciser que ce sont des mots de grands, que les nains n'ont pas à les prononcer. Et que, d'ailleurs, les grands les prononcent sans le vouloir, dans des situations particulières. Expliquer au nain pourquoi on a dit *« pauv' nase »* au Mâle qui a fait une remarque désobligeante sur notre gratin de macaronis (trop sec ?) lui permet de comprendre notre état d'énervement et donc notre laisser-aller verbal.

De la même manière, expliquer au nain pourquoi on a dit *« ta gueule, menteuse »* à la balance lui permet de comprendre que… que quoi d'ailleurs ? Qu'on est juste tapée et cinglée !
Mais ça, m'est d'avis qu'il s'en doute…

MOI, SI J'ETAIS VOUS...

– **Vous êtes l'exemple, ne l'oubliez pas.** Essayez d'être irréprochable sur la politesse et le respect, c'est essentiel.
– **Si vous vous laissez aller à un petit dérapage verbal,** expliquez toujours pourquoi et précisez que ce n'était pas la bonne solution, mais que cela arrive.
– **Il existe beaucoup de livres sur le sujet,** des sérieux et des drôles, à consommer sans modération, merci.

S'il te PLAIIIIIT,
MAMAN !!!!

mon nain à moi ne fera pas de colères

Le terme anglais « terrible two » veut bien dire ce qu'il veut dire. Il signifie qu'un nain, entre 18 mois et 3 ans, fait quelques crises afin d'affirmer ce qu'il est, ce qu'il n'est pas et ce qu'il croit être. Si c'est drôle pour les grands-parents (car ils l'ont vécu), c'est assez pénible pour les parents, voire très gênant et fatigant.

Pour déstresser un peu, je vous propose une petite ballade à ce sujet, à fredonner quand l'envie vous prend d'enfermer votre terrible nain dans un coffre à jouets (et de vous asseoir dessus) : *« Oyez, oyez, braves parents, laissez-moi vous narrer l'épique quotidien de tout parent propriétaire d'un nain âgé d'environ deux ans. »*

"Mes coussses"

La ballade du nain au supermarché

En ce jour de printemps, le nain est tout frétillant, il va faire quelques emplettes avec sa chère maman. Le temps est à la dépense. Le nain a réussi à trouver, dans les immenses allées du supermarché, un petit caddie abandonné par un nain moins habile. Il vagabonde allègrement, tout en vous suivant de loin. Il remarque que vous vous servez dans les rayons. Et il décide de vous aider en faisant lui-même quelques belles et utiles acquisitions : un paquet de biscuits, un flacon avec ce drôle de petit nounours, un bocal de confiture de fraise, (« Je m'en vais en prendre deux… » et joint l'acte à la pensée…) Tout à ses pensées, le nain ne voit pas arriver Dame Maman.

— *Mais ??? Le nain ?? Qu'est-ce que c'est que tout ça ??*
— ***C'est les courses, maman.***
— *Comment ça, c'est les courses ? Mais pourquoi t'as pris de la Cajoline ? Et deux bocaux de Bonne Maman ? Et le mégapack de BN ? Ce n'est pas la peine non plus, le nain !*
— ***Si, z'en veux, j'aime bien, moi.***
— *Oui, mais tu sais, les courses, c'est maman qui décide, alors on va tout reposer là.*
— ***NON.*** Le nain, qui apprend de ses erreurs et surtout de ses précédents succès, accompagne tout de suite le non de quelques larmes.
— *Si, le nain, tu viens, on range tout, tous les deux.*
Notre nain est fort dépité car vous joignez le geste à la parole (eh oui, Dame Maman a lu des livres sur le développement du nain). Il décide alors de sortir le grand jeu. Il empoigne férocement le flacon de Cajoline en hurlant.
— ***Ze veuuuuuuuuuuuuux le nounours, laisse-moi le nounours, s'il-te-pléééé.***

Pour gagner en impact, le nain choisit alors de se rouler par terre tout en réitérant ses revendications. Il prend la position de l'étoile de mer et continue ses vociférations. Un individu, passant par hasard dans le rayon gâteaux/biscuits, jette un coup d'œil méprisant au nain et à sa mère qui essaie de le relever péniblement. Des caddies contournent la scène d'un air gêné. Une bourgeoise d'un certain âge vous propose de lui *« payer sa Cajoline s'il n'y a que ça pour le calmer »*. Cramoisie, vous empoignez fermement le nain hurlant, le collez dans le siège à caddie et fuyez lamentablement vers les caisses.

Moralité

Le nain, excellent acteur s'il en est, sait exactement comment vous mettre la honte. Il profite du public présent sur les lieux pour vous faire passer pour le pire des parents.

Le terrible nain réserve bien des surprises à ceux qui le côtoient. Il était ange, le voici démon. Il fait fi des regards courroucés et hurle en pleine rue, se jette par terre et n'a parfois plus qu'une seule idée en tête (un bonbon, un joujou, un DVD) qu'il veut, tout de suite et maintenant. Il est capable de répéter mille fois la même phrase sans se lasser pendant que vous vous enfermez à clé aux toilettes pour avoir une nanoseconde de tranquillité. Il se réveille à 6 h 15 en hurlant.

Il trouve qu'il n'y a rien de plus chouette que de braver TOUS les interdits : écrire sur les murs, dérouler tout le rouleau de PQ, se faire tout mou quand on essaie de l'habiller, écraser ses kiris sur la table de la cuisine et faire une route avec son doigt trempé dans le yaourt. Il veut tout faire tout seul. Il s'énerve si vous l'aidez et vient vous chercher d'un air misérable si vous ne l'aidez pas. Il veut tout, et puis finalement, il n'en veut plus. Le *terrible two* fait de votre nain le pire des maîtres du monde. Il veut régner sur la planète. Humblement.

Et vous, dans tout ça ? Vous êtes ferme car le nain peut supporter certaines frustrations (bonbons, cadeaux, encore un tour de manège). En revanche, vous pouvez être plus coulante sur certaines choses. Il veut s'habiller seul comme un gueux ? Laissez donc. Il veut manger seul ? Il faut être sale pour apprendre à être propre.

À vous de voir selon vos principes et vos valeurs. Et votre état nerveux.

MOI, SI J'ETAIS VOUS...

– **Prévenez le nain.** Expliquez-lui clairement les enjeux et les buts de la sortie.
– **Parfois, promettez-lui une récompense** s'il s'est bien tenu. Félicitez-le.
– **Et s'il vous sort la grande crise hollywoodienne,** prenez-le avec humour. Empoignez-le, portez-le comme un sac de patates mais fuyez tout de même, avant que les gens vous jettent des pierres.

LES BONS PLANS
DU NAIN

Les dix règles
du bon nain

(Diplôme délivré à l'issue du stage « Devenir un vrai nain » qui clôt l'année d'agrégation de terrible two).

Règle n°1 : Avant de te coucher, te relever tu devras

Tout vrai nain se relève au moins trois fois chaque soir. Nous suggérons un lever pour « pipi », toujours efficace, puis, en alternance, un lever « un-peu-d'eau-j'ai-soif » avec un lever « un câlin à maman/papa » qui émotionne toujours ledit parent. Pour terminer, un lever « terrible cauchemar » faisant intervenir loup, sorcière ou monstre nous paraît de bon aloi.

Règle n°2 : Malgré l'interdiction, tout jeter tu pourras

Les petites voitures pour voir si elles volent. Les chaussures pour les enlever plus vite. Ta compote à boire, par terre, puisque tu l'as terminée et qu'aucun esclave n'est venu te la prendre spontanément pour la mettre à la poubelle. Ne pas oublier de jeter ton slip sale par terre le soir, à côté du panier de linge sale. Avec les chaussettes. Ndlr : qui a dit comme papa ??

Règle n°3 : Le bon-bio tu recracheras. Le junk-pané tu réclameras

Légumes cuits ou crus ne doivent pas passer par ta bouche. Tu peux éventuellement faire semblant de vomir, histoire de montrer à quel point ça te dégoûte. Un bon petit haut-le-cœur est toujours bien vu. N'oublie pas de bien terminer ton assiette de nuggets cependant. Histoire de montrer que tu es capable de finir un BON plat. Et que tu conchies tout ce qui n'est pas calorico-féculento-pané.

Règle n°4 : À côté de la cuvette pipi tu feras

Nous ne parlons pas ici de la minuscule goutte sur la cuvette que l'on peut essuyer avec un morceau de papier toilette. Non. Nous parlons de la longue traînée, genre mini-flaque, invisible à l'œil nu et qui, à coup sûr, humidifiera le fessier du prochain utilisateur. Pour apprécier pleinement l'action, on peut également faire un petit dépôt au sol qui réjouira celui qui passera en chaussettes après vous.

Parents agacés = parents lessivés en fin de journée !

Règle n°5 : Du pourquoiiiiii tu abuseras

Pour un questionnement efficace, il faut user du pourquoi de manière intelligente, de manière systématique et surtout de manière au-to-ma-ti-que. Prenons un exemple simple.
Le soir, lorsqu'un de vos parents vous lit un livre, n'hésitez pas à poser des questions si vous ne comprenez pas ce qu'il dit. Puis creusez en profondeur sur le thème.
Ce qui donne avec votre livre du moment, *Cars 2* (acheté vilement pendant les vacances 1,50 euros au supermarché par votre maman) :

— *« Finn Mac Missile monte sur la plateforme pétrolière....*
— C'est quoi une pateforme pétrolière ?
— *Eh bien, c'est un truc sur la mer où on fabrique l'essence comme celle que Flash Mac Queen utilise* (raccourci habile).
— Et pourquoi Mac Queen il met de l'essence ?
— *Pour rouler.*
— Et il gagne la course ?
— *On va le savoir là, le nain, en fait !*
— Et aussi pourquoi il va gagner la course ?
— *ATTENDS. Je continue...*

Le parent est agacé. Vous n'oublierez pas de reposer exactement les mêmes questions lors des trente prochaines lectures. D'ailleurs, exigez que ça soit le même livre et le même lecteur pour un effet décuplé.

Règle n°6 : À tes parents, la honte en toute occasion tu mettras

Une des règles les plus faciles à appliquer, car la bonne repartie est assez naturelle chez le nain. Pour être excellent dans ce domaine, faites beaucoup d'allusions aux défauts physiques apparents et aux phénomènes physiologiques gênants. Exemples :

- Dans l'ascenseur, si une femme un peu forte vous rejoint à l'étage >>> n'hésitez pas à dire tout haut que **« la dame est grosse et qu'elle prend toute la place, hein, maman ? »** Réussite assurée.
- Chez le médecin, ou dans une file d'attente, si quelqu'un émet un son étrange >>> ne résistez pas à la tentation et annoncez fièrement : **« T'as entendu le gros PROUT papa ?? C'est qui ? C'est toi ? »** Magnifique.

Règle n°7 : Les jouets de ton frère (ou de ta sœur), toujours tu voudras

Évidemment puisqu'ils sont mieux. Le mieux est d'attendre que votre victime soit en train de jouer tranquillement dans son coin, sans ennuyer qui que ce soit. Tout est calme et les parents sont ravis. Passez à l'action et allez arracher le jouet de votre sœur (celle qui crie très très fort) ou de votre frère (qui est capable de se défendre en braillant comme un veau tout en tentant de vous taper dessus).

Règle n°8 : En cas de chute, longtemps tu chouineras

Oui, car le son de votre voix geignarde est, à vos oreilles, comme la plus douce des mélopées. Profitez-en, écoutez-vous. Restez prostré au milieu de la pièce et pleurez. Si vous possédez un miroir dans la pièce, vous pouvez également vous admirer. Si une personne vous demande de la mettre en sourdine, snobez-la, jetez-lui un regard terrifié et apeuré et pleurez encore et encore.

Règle n°9 : Des fringues de goût tu exigeras

Comment ne pas exiger le meilleur ? Nous vous conseillons donc de faire un sketch afin de mettre : votre plus beau jogging estampillé Chuggington, ce mirifique caleçon Spiderman, ce superbe t-shirt tête de mort (oui, il est beau, mais SALE, dit maman) et ces magnifiques tongues (en plein hiver...).

Règle n°10 : Des chefs-d'œuvre du 7e art, toujours tu regarderas

Quand un de tes parents daigne presser le divin bouton de la télévision, ça ne doit pas être pour te mettre un dessin animé ridicule. Il vous faut du vrai, du bon, de l'intellectuel et du fin. N'hésitez pas à piquer une colère si on vous coupe la télévision. Il n'y a pas de raison de le faire. Même s'il faut partir. Les parents peuvent attendre.

Lookbook automne-hiver du nain

Il est gentil mais bêta !
Le nôtre est mieux...

Le nain des autres

Avant toute chose, précisons-le, les nains des autres ne sont pas franchement intéressants ni particulièrement attachants. Ils sont rarement beaux, encore moins spirituels ou intelligents. Normal, ce ne sont pas les vôtres...

Alors pourquoi leur consacrer un peu de temps de lecture, temps pourtant précieux dans la vie d'un parent ? Parce que, parfois, la vie fera que vous serez obligée, forcée de composer avec les nains des autres. En vacances, en soirée, au parc ou chez des amis, en famille ou dans le train, vous serez forcément confrontée à quelques spécimens bien précis, dont voici un petit aperçu, histoire de vous préparer moralement et physiquement à ces rencontres.

Ah, tu trouves ?

Profil 1 :

Le nain calme, sage, d'apparence gentille, mais pas super intéressant, en fait.

Il a un prénom calme, une coupe de cheveux calme et parle de manière assez normale avec une voix doucereuse (effet de douceur accentué par le fait qu'il est en comparaison directe avec vos propres nains qui ont plutôt tendance à hurler qu'à chuchoter). Il ne « braille » pas, sauf s'il se blesse, ce qui ne risque pas d'arriver, sauf s'il se laisse entraîner par vos nains. Il joue seul, fait des dessins sans « gribouiller » comme un psychopathe en pleine crise et il ne lui viendrait probablement pas à l'idée de renverser ses caisses de jouets les unes après les autres avec un cri de bête. Il passe inaperçu et on dit de lui « qu'il est une crème », là où on aurait tendance à regarder vos nains en disant qu'ils sont « dynamiques, non ? »

>>> **On le rencontre :** au restaurant, dans une exposition d'art contemporain, dans le train, en visite chez des amis assez propres sur eux et possédant canapé en croûte de vachette de dindon rare tanné par des moines tibétains et bibelots cassables (et rangés au bord des vitrines en verre). En tous lieux où vos propres nains sont incapables de se tenir correctement.

Profil 2 :

Le nain gentil mais bêta qui n'a manifestement pas la lumière dans toutes les pièces mais qui semble vous apprécier. Un peu trop d'ailleurs.
Il est niais, porte un prénom niais et une coupe de cheveux niaise voire ringarde (exemple : petite queue qui descend dans le cou). Il est vêtu majoritairement de produits dérivés du type Dora (pour les filles) et Spiderman (pour les garçons). Il vous observe, se rapproche ostensiblement et vous aborde, et n'hésite absolument pas à vous parler de tout et de rien (surtout de rien). Souvent plus âgé que vos propres nains, il n'a pourtant pas l'air franchement plus malin. Il n'a manifestement pas l'air d'avoir de parents ou, en tout cas, ni lui ni eux ne semblent pressés de se retrouver en famille. Ses parents sont d'ailleurs introuvables et ne semblent vraiment pas préoccupés par leur nain. Sympathique.

>>> **On le rencontre :** dans tout lieu public où les nains s'amusent en liberté (square, piscine, etc.). Peut même être votre voisin (auquel cas, il ne vous reste plus qu'à fermer votre porte à clé et à faire le mort quand il sonne à la porte si vous ne voulez pas avoir un nain de plus à table tous les week-ends).

Profil 3 :

Le nain super-peste voire agressif ascendant violent.
Il a une tête énervante, il est vilain (ou peste) et a toujours l'air de se moquer de vous. Il a souvent un jouet-arme en main voire un appareil agaçant ou bruyant (type flûte à bec qui sert également d'épée). Il est légèrement vulgaire, répond à ses parents et ne donne absolument pas l'impression d'avoir été éduqué. Il se bat avec ses congénères, ne prête rien mais vole allègrement. Il n'a jamais tort (selon lui) et maîtrise l'art de la colère en public comme personne. À côté de lui, vos nains ont l'air d'être des enfants normaux (et presque bien élevés). Il fait naître en vous un sentiment immédiat de détestation accompagné d'une incontrôlable envie de dauber sur ses parents (ces incompétents).

››› **On le rencontre :** un peu partout, il vous rassure sur vos propres nains. Évitez cependant de rechercher sa compagnie, les coups et les blessures sur vos nains ne sont tout de même pas conseillés et vous risquez le clash avec les parents du coupable.

Profil 4 :

Le nain smart et poli, malin et gentil.
Il est mignon, poli et courtois, rieur et jovial. Il est sympathique, a de la culture (à sa mesure) et de la repartie (à sa mesure aussi). Il vit, il joue, il est tout à fait normal et n'en fait pas trop. Il s'arrête de jouer quand on le lui demande et va se coucher quand c'est « l'heure des grands », attend patiemment le réveil et reste à table sans ronchonner au restaurant. Il est capable de tenir une conversation et ne chouine pas à la moindre contrariété. Il sait s'occuper seul mais n'est pas contre un câlin parental.

››› **On le rencontre :** si vous faites ce genre de rencontre, je vous suggère de vous reporter immédiatement au chapitre suivant (Débusquer le nain-posteur), car il s'agit probablement d'un faux nain…

MOI, SI J'ETAIS VOUS…

– **Les nains des autres sont partout :** ceux du voisin, ceux de votre meilleure amie de toujours, ceux de votre frère. Avant de planifier des vacances en tribu, veillez à bien les avoir cernés et à connaître vos limites pour éviter le clash.
– **N'oubliez pas que vos nains sont également les nains des autres de quelqu'un.** Eh oui…

Le nain et sa fratrie

Vous aimez le nain. Il vous saoule, il vous pompe l'air, il vous rend maboule, il vous donne envie de vous catapulter au bout du monde (ou lui, d'ailleurs) pour respirer deux secondes. Mais vous l'aimez. Vous l'aimez tellement, d'ailleurs, que vous décidez d'en faire un autre. Voire plusieurs autres.

La qualité et pas la quantité

L'important, ce n'est pas la quantité, c'est la qualité. La preuve, c'est que nous n'avons pas le même nombre de nains. Nous faisons selon nos limites, selon nos envies, selon nos possibilités. L'essentiel étant de se sentir au complet. Pour certains, un nain suffira à leur bonheur. Pour d'autres, il en faudra cinq ou six. Lorsque vous désirez avoir une famille dite « nombreuse » se posent quelques légers soucis.

Il vous faut déjà gérer les arrivées des nouveaux nains dans la famille en organisant un coaching pour votre premier nain, qui va devenir grand frère, puis pour le moyen nain, qui va aussi devenir grand frère... et ainsi de suite.

Cette gestion est assez délicate parfois, car il faut que les nains acceptent de laisser leur place de « petit » pour devenir les « grands », qu'ils partagent leurs parents, leurs nuits et leur quotidien (alors qu'ils n'ont absolument rien demandé).

Une fois que tout le monde est (à peu près) à sa place, il faut gérer les conflits. Ah, bonheur, joie et allégresse...

1 situation, 2 solutions...

Décor: silence tout relatif avec fond sonore habituel de nains qui se racontent des histoires à voix haute avec des personnages de dessins animés, voitures et autres objets encombrants de leur chambre. Tout d'un coup, pas lourds, mouvement d'objets, bruits de trucs froissés, déplacements de corps...

— ***Non, tu le prends pas, c'est à moi !***
— ***Mais ze le veeeeeux !!***
— ***J'ai dit NON*** (hurle) ***c'est à MOI*** (re-hurle)
— ***Hiiiiiiiiiiiiiiiiiiiiiiii*** (cri du samouraï)
— ***Maaaaaaiiiiiiiiis !!!*** (cri du super-samouraï)
— ***À MOIIIIIII*** (attaque du maxidécibel)
— ***JE T'AI DIT NOOOOOOOOOON*** (retour du maxidécibel)
Petite pause. Bruit d'empoignade.
— ***Aiiiiiie !!! Je vais le dire à MAMAN !***
— ***Nooooooon....***

Les deux sont en larmes. Et se ramènent en pleurant. Et tentent d'expliquer avec sanglots et morve au nez lequel des deux a commencé, lequel des deux a piqué le super-jouet de l'autre trop-génial-je-l'ai-vu-en-premier.

Et vous ? En règle générale, vous finissez par les renvoyer dans leur chambre jusqu'à la prochaine altercation, cinq à dix minutes après. La résolution du conflit dans une fratrie est le thème de nombreux ouvrages, très intéressants au demeurant, qui expliquent aux parents comment faire pour gérer au mieux la dispute dans un couple fraternel. Quand on lit ce genre d'ouvrages, on SAIT comment faire. Je vous explique ?

Situation de base : Grand Nain et Moyen Nain sont en train de jouer aux voitures. Micronaine arrive et décide de s'installer au milieu du couloir pour lire son livre, alors que c'est PILE le lieu déterminé par nos deux compères pour lancer une course-poursuite infernale. Ils lui demandent de se pousser. Elle refuse d'obtempérer et continue de feuilleter son livre niais en les regardant d'un air hautain. Moyen Nain décide d'agir et tente de la pousser un peu plus loin. Il échoue et lui attrape alors les pieds pour la tirer hors du couloir malgré son immobilisme. Elle hurle et se remet debout. Et shoote dans les voitures. Les nains hurlent. Elle part en braillant ***«Mamaaaaaan !!»***

Grand Nain, en voulant ranger les voitures, touche à la voiture fétiche de Moyen Nain et trouve qu'elle roule plutôt bien. Il décide alors de la garder. Moyen nain s'en aperçoit et tente de la récupérer. Il chope ladite voiture et tire de toutes ses forces. Grand Nain résiste et décide d'expliquer son kidnapping. Moyen Nain ne veut rien entendre et hurle. Grand Nain veut vraiment expliquer donc hurle plus fort. Ils hurlent. Moyen Nain veut coller une tarte à Grand Nain pour lui faire lâcher la voiture. Il réussit. Grand Nain hurle de douleur (évidemment) et Moyen Nain hurle parce qu'il n'a toujours pas réussi à récupérer sa précieuse voiture. Micronaine, qui chouinait toujours, vient traîner près d'eux afin de joindre sa voix aux magnifiques polyphonies nainesques du couloir.

Gérer les conflits ???
Il existe deux sortes d'attitudes possibles :

Réaction du parent après lecture du guide qui aide à gérer les conflits

« Ooooooh (voix douce mais ferme), je vois deux petits garçons qui veulent la même chose au même moment. Il y a donc deux enfants qui veulent une seule voiture, est-ce bien cela ? Alors, si j'ai bien compris votre courroux, il est justifié et il va falloir trouver, entre vous, une solution qui permette à chaque enfant d'être content. Pensez-vous pouvoir trouver cette solution tous les deux ou suis-je dans l'obligation d'intervenir ? Quant à votre petite sœur, il faut lui trouver un endroit près de vous pour lire son livre, car elle aime être en votre compagnie. »

››› Grand Nain et Moyen Nain (probablement des faux) installent un petit fauteuil au bord de la piste de course et décident d'un commun accord de faire une course chacun avec la voiture fétiche.

Réaction en vrai chez vous

« Mais qu'est-ce que c'est que ce bazar ??? C'est pas possible, là ! Je vous laisse jouer cinq minutes le temps de lancer le repas et vous trouvez le moyen de brailler tous les trois. Vous êtes maboules ou quoi ? C'est QUOI le problème cette fois ? Et toi, la petite, arrête de crier deux secondes, on ne s'entend pas. Bon, explique, Grand Nain. Et toi Moyen Nain. Renifle. Arrête. On ne comprend rien. Bon. Ok. Elle est à qui cette voiture ? À toi ? Tu la prends et après tu la prêtes à ton frère. Et c'est pas non, sinon je la balance par la fenêtre, moi, cette voiture, si elle pose problème. C'est compris ?? Et toi, prends ton LIVRE et va lire ailleurs, la maison est grande, c'est pas vrai ça, quand même !! »

››› Grand Nain et Moyen Nain font leur course et réussiront à se re-disputer d'ici trois minutes pour savoir qui a gagné. Quant à Micronaine, vexée comme un pou d'avoir été virée du couloir, elle décidera de venir faire le crampon-jambes pendant que vous préparez une soupe dans la cuisine.

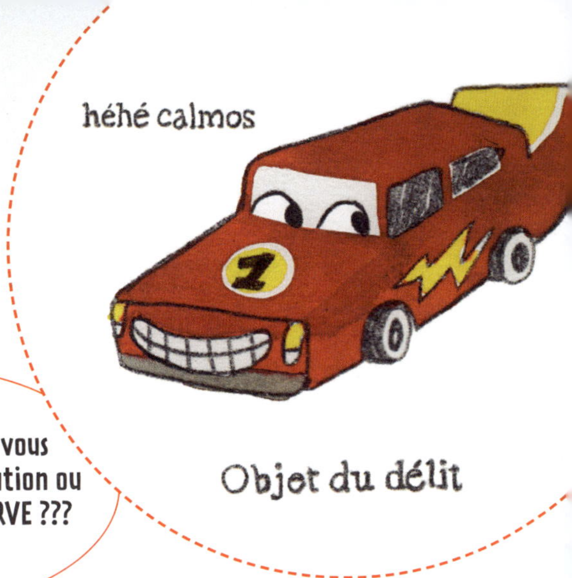

MOI, SI J'ETAIS VOUS...

– **Avoir plusieurs nains est un choix,** il faut ensuite l'assumer. Pour gérer le quotidien entre frères et sœurs, faites comme vous pouvez. Essayez de rester calme et de prendre du recul, ce ne sont jamais que des chipoteries de nains.

– **N'hésitez pas à scinder la fratrie de temps à autre,** le temps d'une activité ou d'une journée, ça repose tout le monde.

– **Regardez-les jouer tous les (2/3/4...).** Souriez à votre conjoint devant cette complicité. Vous êtes foutue...

LES BONS PLANS
DU NAIN

Débusquer
le nain-posteur

Cher nain, voici quelques pages qui risquent de t'intéresser puisqu'elles traitent de ces faux nains qui sont partout autour de toi : dans ton entourage proche, voire pire, au sein même de ta famille. Ils sont fourbes, mesquins et n'ont qu'un seul objectif : te faire passer pour un sale nain, te mettre la honte et discréditer tes parents.

Je vais te donner, dans ma grande bonté, les moyens infaillibles pour reconnaître un vrai nain d'un faux nain. Ce n'est pas évident, loin de là, mais quelques situations bien choisies t'aideront à mieux comprendre où se situe la différence.

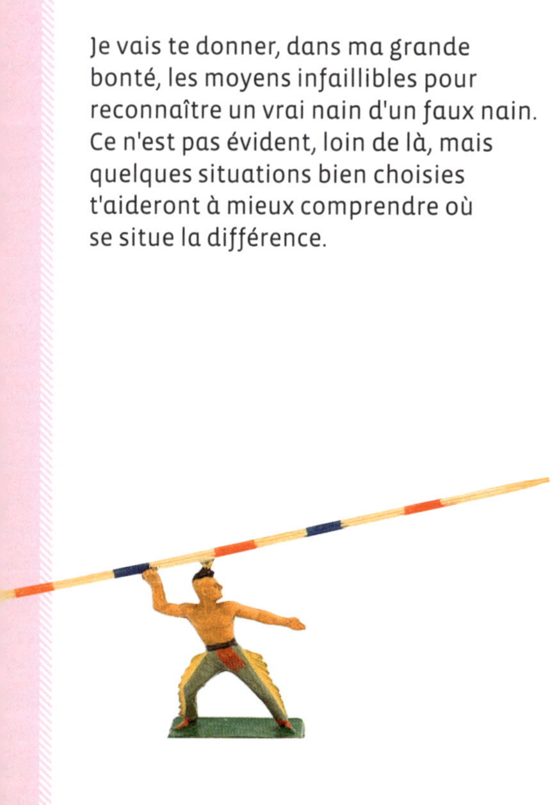

Situation 1 : la sieste

Vrai nain : le vrai nain ne dort que le strict minimum. Et ce, depuis toujours. Il daigne parfois s'assoupir pour une sieste, mais cela ne dure jamais longtemps. Il sait exactement quand il faut s'éveiller.

Faux nain : le faux nain n'a absolument pas besoin d'être dans son lit pour faire la sieste. Encore moins dans le noir, encore moins avec son doudou. Il dort n'importe où et parfois même dans la poussette, à côté de ses parents qui déjeunent d'une salade en terrasse. Le faux nain s'endort dès qu'on lui dit que c'est l'heure de la sieste. D'ailleurs, il va en souriant dans son lit. Il dort de deux à trois heures d'affilée. Ce qui ne l'empêche pas de dormir la nuit.

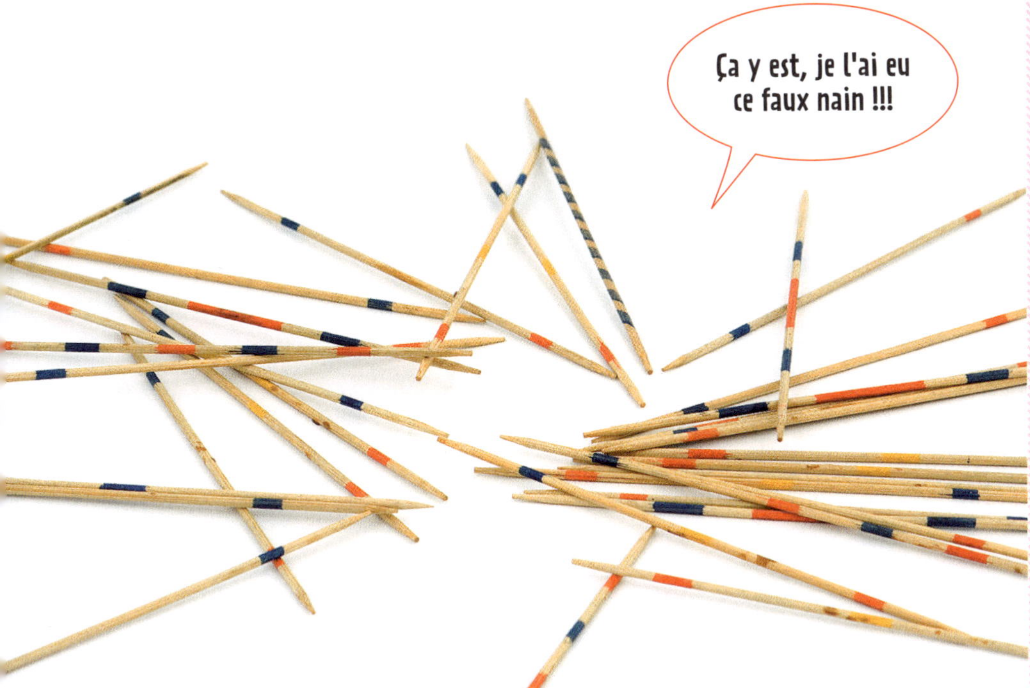

Situation 2 : le repas

Vrai nain : le vrai nain est un fin gourmet. Et il n'aime pas les morceaux. Il n'aime pas non plus les petits pots d'ailleurs. Ni les légumes. En revanche, les Pom'potes, les gâteaux, les bonbons, les frites et les Pringles ne lui posent aucun souci de mâchonnage. Aucun. À table, le vrai nain fait fi de toute bonne manière et enfourne des cuillerées de 10 cm de haut dans le bec. Uniquement si c'est bon. Dans le cas contraire, le vrai nain ferme la bouche. Et ne la ré-ouvrira que pour, au choix, cracher la purée avec laquelle on a tenté de l'empoisonner, ou accueillir le petit-suisse bien mérité.

Faux nain : le faux nain mange de tout. Mixé ou non et ce, depuis ses 9 mois. Les morceaux ? Aucun souci. Les légumes? Il en raffole. Les biscuits ? Oh, il n'aime pas vraiment. Les bonbons, c'est pareil, on ne l'habitue pas. Le faux nain est capable de manger un petit pot froid à la plage si ça arrange ses parents. Il mange tout son plat, son dessert et boit un verre d'eau pour digérer. Il manie la cuillère à la perfection. Et lui n'a absolument pas besoin qu'un parent se ridiculise à imiter le tracteur, le camion, l'avion ou tout autre véhicule chargé de purée.

Situation 3 : le médecin

Vrai nain : un vrai nain est un habitué du médecin. Dans sa petite enfance, il peut parfois y aller plusieurs fois par semaine. Dans la salle d'attente du médecin, un vrai nain, même malade, déballe tout le coffre à jouets par terre en criant de joie. Dans la salle d'examen, le vrai nain se débat toujours pendant qu'on le déshabille. Et pleure pendant l'examen (la peur latente du vaccin). Une fois l'examen terminé, il ne veut pas être rhabillé et profite que le médecin parle avec l'adulte (qui a chaud, engoncé dans sa veste) pour aller dérégler le pèse-personne. Et aller toucher au matériel stérile. Et s'entortiller dans les rideaux.

Faux nain : le faux nain n'est pas souvent malade. Lorsque, toutefois, cela arrive, il se rend bien volontiers chez le médecin. Dans la salle d'attente, il prend un vieux Popi et s'installe auprès de son adulte. Parfois, un peu KO, il s'allonge sur les genoux de son parent et se repose. Il regarde d'un air abattu les autres nains qui jouent, un peu bruyamment à son goût, avec les tractopelles du docteur. Quand vient son tour, le faux nain rentre poliment dans la pièce et se laisse manipuler sans râler. Au moment de partir, le faux nain se fend d'un ***« au revoir, docteur »*** et non pas d'un ***« au revoir, méchant pipi »***.

Situation 4 : la nuit

Vrai nain : le vrai nain trouve que dormir est une perte de temps. Et que ***« regarde maman, on est le matin »*** (à 22 h en été, puisque le soleil ne s'est pas encore couché). Il rechigne pour monter dans sa chambre et a toute une série de techniques bien à lui pour repousser encore plus l'heure de l'extinction des feux. Il sait pertinemment qu'il y a un rituel mais fait tout pour y déroger. Lancer de doudou, déguisements de fantômes avec couette, le vrai nain est un grand professionnel.

Faux nain : le faux nain aime dormir. Longtemps. Il écoute sagement son histoire et n'oublie jamais de rappeler à ses parents qu'il est temps de se laver les dents. Il fait un dernier pipi, boit un petit peu d'eau et va se coucher. Il tient la main de sa maman pendant la chanson du soir et embrasse tendrement les deux joues tendues avant de plonger dans les bras de Morphée. Il ne tente jamais de redescendre ou de retarder l'heure du coucher, il sait à quel point le sommeil est important pour lui.

J'espère que ces quelques exemples t'aideront à mieux cerner les faux nains qui t'entourent. La règle principale à adopter en présence de ces faux nains est de faire fi de leur attitude et de, surtout, ne pas se remettre en question. Tu n'es peut-être pas parfait, ami nain, loin de là. Mais à côté de ces nains-posteurs, de ces faux nains, tu es tout de même un nain assez chouette. Parce que tu es vrai.

Idée de déguisement pour Carnaval:
déguisez votre vrai nain en faux nain

Il est un peu chaud.
Il a de la température,
non ?

OUI, je prends note...

Lorsque vous devenez parents, je ne sais pas si vous l'avez remarqué, mais les gens se permettent de vous faire part de leur grande expérience. Que ça soit votre belle-mère (surtout elle, oui, je sais), votre propre mère, votre grand-mère, votre boulangère, votre voisine... en gros, n'importe qui. Qui a eu un nain (ou pas d'ailleurs). Voici donc un petit panel de commentaires glanés ici et là, au fil des mois, des nains et des rencontres...

L'allaitement

Superbe sujet. Que l'on allaite ou pas, on est une cible facile. Déjà, la fameuse question : *« Tu le nourris ? »* à laquelle vous aimeriez répondre : *« Heu, non, je le laisse mourir de faim. »* Eh oui, sachez-le, on ne dit pas *« Tu l'allaites ? »* mais *« Tu le nourris ? »*

Si vous répondez OUI... vous vous exposez à :
« Ça se voit, c'est un beau bébé ça, il profite bien du bon lait de maman. » En clair, le nain est gros.
« Et tu sais combien il prend ? Non, parce que moi je ne SUP-POR-TAIS pas de ne pas savoir. » Non, je n'ai pas encore les graduations des millilitres tatouées sur les seins.

« Et tu comptes l'allaiter jusqu'à quand ? » Jusqu'à la fac, je pense.
« Moi j'aime bien donner le biberon aux tout-petits, vivement que tu ne l'allaites plus ! » Merci, comme ça je suis motivée pour tenir encore plus longtemps !
« C'est dommage, le papa ne peut pas participer. » Ne t'en fais pas, le Mâle change les couches jaune moutarde et il est RA-VI.

Et si vous répondez NON... vous risquez entendre ça :
« Ah booooon ? Tu ne PEUX pas ou tu ne VEUX pas ? » J'hésite à te répondre...
« C'est dommage parce que, quand même, c'est ce qu'il y a de mieux pour ton bébé. » Gulp.
« C'est quand même fou, tu as le temps dans la journée pourtant ! » Oui, mais peut-être juste que je ne veux pas. Marre.

Le sommeil

Sujet très très sensible pour vous, jeune parent exténué, cerné et prompt à démarrer au quart de tour.
Ah, le sommeil du nain... Il y a ceux qui trouvent qu' *« il ne dort pas beaucoup pour son âge »* (déjà que vous, ça vous rend dingue que le nain ne sieste pas), ceux qui se demandent *« s'il réussira à s'endormir un jour dans son lit vu qu'il ne s'endort que dans l'écharpe »* (à 1 mois), ceux qui s'étonnent : *« Tu le couches sur le dos ? Moi, de mon temps, c'était le ventre et puis c'est tout »*, ceux qui regardent avec méfiance votre tour de lit, *« va s'étouffer le nain »*, ceux qui râlent parce qu'il se réveille la nuit : *« C'est sûr que si tu l'habitues au biberon de 4 h du matin, il ne fera pas ses nuits »* à 3 mois, et ceux qui vous lancent le terrible : *« Ah ? Tu ne le laisses pas pleurer ? Bah, ça lui fera les poumons. »*

Et je passe sur belle maman qui décide de passer l'aspirateur pendant la sieste du nain, sur mamie qui débarrasse le lave-vaisselle et sur votre petit frère (il n'a pas de nain, qu'il soit pardonné) qui passe avec son pas d'éléphanteau obèse devant la porte de la chambre de sa Majesté le Nain.

La nourriture

Non, on ne commence pas la diversification à 3 mois avec une cuillère de Nutella.
Non, tonton Bourratchô, on ne trempe pas son doigt dans la bière pour faire le palais du nain.
Non, mamie, on ne colle pas une cuillère de confiture de fraise dans le gosier du nain (2 mois). Oui, même si c'est toi qui l'as faite.
Non, maman, la diversification, ce n'est pas tous les légumes à la fois dans le bol-mixeur.
Et c'est de pire en pire. Vous trouverez toujours quelqu'un pour vous dire que vous feriez mieux *« de lui filer du lait de vache tout de suite et puis basta »*, ou celle qui vous suggère de *« camoufler les légumes dans la compote pour qu'il en mange plus »*.

Enfin, de notre temps, on lavait tout à la main...

Les dents et autres douleurs du nain

« Il doit faire ses dents. » Oui, on sait. Vous lui donnez quoi ? Du Dolodent ? Du Doliprane?
Bah, un bon morceau de sucre et puis voilà tout.
« Il est un peu chaud.
Il a de la température, non ? »
Tu lui donnes quoi ? Du Doliprane?
Bah, un bon bain froid et voilà tout.
« Il est un peu constipé là, non ? »
Tu fais quoi ? Tu lui masses le ventre ?
Bah, un bon verre de jus d'orange et voilà tout (à 1 mois).

Tous ces commentaires débiles donnent envie de l'être. Eh oui, entre les *« Il n'a pas trop chaud, là ? »* et les *« Tu devrais le couvrir, enfin surtout la tête, les bébés se refroidissent par la tête »* (et ta tête à toi, elle est bien refroidie ?), il y a de quoi devenir agressif.

La propreté

Sujet hautement à risque. Zone dangereuse. Très. Eh oui, quand le nain approche des 12-18 mois, la fameuse question de la propreté éclôt dans la bouche délicate de vos interlocuteurs intéressés (et surtout pressés de donner leur avis).
« Il est propre, non ? »
Ah non, là, il n'a que 15 mois, en fait.
« Eh bien, toi, tu étais propre à 12 mois, il me semble. »
Oui mais je passais trois heures d'affilée sur le pot, j'avais la marque tatouée sur les fesses.
« Enfin, de notre temps, on n'avait pas vos couches non plus, on lavait tout à la main. »
N'en rajoutez pas, belle-maman.

Et quand vous essayez d'inculquer au nain la propreté, c'est l'apogée :
« Aloooooooooooooooors le nain ????
Tu as ENCORE fait pipi par terre ?
Eh bien alors ???
Fallait aller sur le pot, le nain !! »
Ou encore : *« Vous le stressez trop avec ce pot, laissez-le vivre, il ne va pas s'en sortir, le petit ! »*
Et le fameux :
« Et tu lui laisses les couches pour la nuit ? Il ne doit pas comprendre. »
Eh bien, c'est comme tu veux, sinon ce qu'on a qu'à faire c'est que c'est TOI qui changes trois fois le drap-housse et l'alèse en pleine nuit...

MOI, SI J'ETAIS VOUS...

– En règle générale, la seule réaction possible, c'est la totale zénitude et non le rembarrage intempestif. En effet, tous ces conseils partent d'un bon sentiment. Presque, en tout cas.

– Alors, on hoche la tête, on dit « Oui,oui, je prends note » et surtout, surtout, on se dépêche de faire autrement. Parce qu'en matière de votre nain, il n'y a que vous, parents, qui sachiez.

Je m'appelle Nulli et je suis no-kid. Absolument NO-KID !!!

Ceux qui n'aiment pas le nain

Votre meilleure amie, Nulli(pare), n'aime pas les nains. Nulli a le droit d'être une *no-kid,* d'ailleurs, et de rester votre amie. Et, en étant tout à fait honnête, on ne peut pas être complètement en désaccord avec elle. Non ?

Raison n°1 :

Le nain prend de la place avec sa poussette tank/canne/ avec sa poussette quoi...

Nulli part au boulot vers 8 h 30. Dans le métro, puisqu'elle n'est pas en début de ligne, elle doit se frayer un passage pour atteindre un espace libre. Elle se met tout de suite à gauche en entrant, c'est encore là qu'elle est le mieux. Ouf, elle s'accroche à la barre transpirante d'une main et elle ouvre son bon petit polar de l'autre. Et puis tout d'un coup, les portes s'ouvrent, on la bouscule pour sortir (elle ronchonne) et devant elle se dresse l'abominable gobeuse de place : une poussette. L'engin monte et Nulli se retrouve écrabouillée contre son voisin (qui sent le poulet mort). Elle sent une goutte de sueur perler dans son dos (et n'imagine même pas l'état de ses aisselles). Le nain dans la poussette, lui, est confortablement assis, les pattes en l'air et le sourire aux lèvres. Il regarde Nulli d'un air moqueur et mange un boudoir tout en étendant ses jambes. Le sale gosse...

Raison n°2 :

Le nain parle fort/hurle dans les moyens de transport.

Oui, parce que, parfois, Nulli doit prendre le train ou l'avion, histoire d'aller en vacances. Eh bien même là, dans un siège plus ou moins moelleux, oui, même là, elle entend le nain. Toutes sortes de nains même :

- Le nain discret qui agite un hochet.
- Le nain geek qui tapote sur l'Iphone de sa maman (ou qui joue à la DS – Nulli entend le son à travers les écouteurs).

• Le nain artiste qui crayonne des horreurs et demande vingt fois à son papa si ***« c'est bôôôô ??? »*** et ***« de quelle couleur sont les soucoupes volantes, papa ??? »***

• Le nain gourmand qui mange des Pringles Onion and Cream à 9 h 30 (de quoi lui retourner l'estomac) en sirotant bruyamment un jus de pomme.

• Le nain mal élevé qui braille ou qui pose des questions débiles (Pourquoi le train va dans le sens-là ? Et pourquoi les gens ils sont assis dans l'autre sens ? et quand c'est qu'on arrive ?).

• Le nain qui ne veut pas rester assis et qui court partout dans l'allée (renversant le jus de tomates de Nulli) en hurlant ***« À l'abordaaaaage ! »*** Bref, Nulli est totalement POUR les cabines/wagons/soute réservés aux familles.

Raison n°3 :

Le nain renverse les verres de vin posés sur la table basse et pique tous les Pringles.

Nulli le sait, lorsqu'elle vous invite à dîner chez elle, elle range TOUT en hauteur. Et met un plaid sur le canapé en croûte de cuir de zébu famélique. Elle ne pose rien sur la table basse (sauf une couverture si sa table est en verre) et planque les DVD loin des mains chapardeuses du nain. Au moment de l'apéritif, les nains courent autour de la table ou arrivent très rapidement sans faire attention aux verres posés. Puis, en voulant siroter leur briquette de jus chimique multivitaminé (comme s'ils en avaient besoin), ils appuient sur la briquette et Nulli se retrouve avec une mare de jus orange vif sur sa moquette blanche.

Nain en salaison

Et vous, de vous excuser en demandant *« T'as pas du gros sel ? »* (pour mettre le nain en salaison ?? Si, bouge pas).

Le nain ne sait pas se tenir, il prend trente chips d'un coup et parle la bouche pleine. Puis il pose ses petits doigts boudinés et tout graisseux sur la même table pour empoigner des tomates cerises (et vlan, des pépins juteux sur la moquette).

Raison n°4 :

Le nain sent mauvais (et ouais).
Oui. Il faut le dire. Micronaine sent la couche et le lait caillé. Moyen Nain sent le caca (parce que personne ne veut le changer : il n'a qu'à demander le pot) et Grand Nain sent le chaud parce qu'il court partout, s'énerve et sue. Quand Nulli arrive chez vous, ces odeurs la surprennent toujours, elle pourrait les classer en différentes catégories selon la puanteur :

- l'odeur de vieille couche pipiteuse et cacateuse de la salle de bain,
- l'odeur de lait caillé dans la chambre de la petite,
- l'odeur de linge sale et de chaussettes « dégueu » dans la chambre des garçons,
- l'odeur de poubelle dans la cuisine.

Bref, Nulli ne prend même plus la peine de se laver les cheveux avant d'aller chez vous (d'ailleurs, elle met même des vêtements sales).

Raison n°5 :

Le nain a un pot (et c'est moche).
Quand Nulli va dîner chez vous, chaque moment pipi est une angoisse. Entre le pot (un peu immonde) qui traîne à côté des toilettes, le réducteur posé contre le mur et les lingettes humides pour petites fesses de nains... c'est vraiment la pièce de l'horreur hygiénique !
Quand elle doit s'y rendre, Nulli se met en apnée et fait une prière silencieuse au dieu de la Bactérie. Puis, elle nettoie le siège des toilettes avec une lingette de vos nains (tout en évitant de regarder dans le fond de la cuvette). Elle se met assise. Pendant qu'elle fait pipi, elle est obligée de tenir la poignée (puisque vous avez supprimé le verrou : *« Le nain s'enfermait tout seul »*) et toussote pour signaler sa présence. Pathétique. Elle finira par se rhabiller prestement, par se laver les mains au savon Hello Kitty et par s'essuyer sur son jean tellement la serviette à main a l'air douteux.

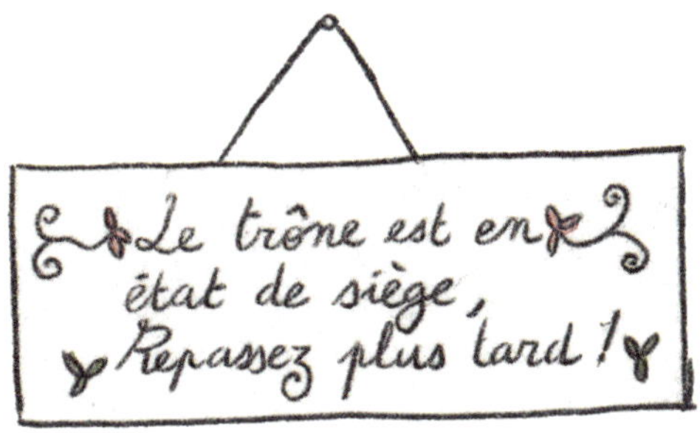

MOI, SI J'ETAIS VOUS...

– **Des ami(e)s Nulli, on en a tous,** ils sont super-chouettes mais ils vivent dans un autre monde (notre ancien monde). Certaines choses ne vous choquent plus, mais peuvent être dérangeantes (comme changer votre nain sur le lit de Nulli). Demandez toujours si cela dérange, généralement, on vous dira non (même si ça dérange).
– **Essayez de vous mettre à leur place** (vous y étiez il n'y a pas si longtemps) et évitez certaines situations critiques (genre les vacances avec Nulli).

LES BONS PLANS
DU NAIN

Tout ce que tu peux faire pour aider mes parents

Que tu sois homme, femme, tonton, tatie, que tu sois parrain, marraine, ou rien que la bonne copine de mes parents qui vient passer quelques heures en leur charmante (et bruyante) compagnie... ces quelques lignes sont pour TOI. Eh oui, moi, grand nain en chef, j'ai pu établir une liste de toutes ces petites choses qu'il ne faut surtout pas faire lorsque tu partages quelques jours avec un propriétaire de nains.

Règle n°1 : Ne pas dormir trop tard le matin

Parce que ça, ça énerve (grave) le parent. Sache-le, ami(e) sans nain, le parent ne connaît plus le mot « grasse matinée ». Il l'a tout simplement rayé de son vocabulaire. Pour le remplacer par *« oh nooooon, pas 6 h... »*. Donc toi, ami sans nain, s'il te plaît, aie la décence d'émerger avant 10 h du matin à la table du petit déjeuner. Et ne dis pas que tu aurais bien dormi une heure de plus (si les hurlements de nains avaient été moins stridents). Merci.

Règle n°2 : Changer le nain

Le parent change des couches. Très souvent. Trop souvent. Il change des petites couches jaune d'or, puis des bouses verdâtres. Il change des diarrhées qui remontent jusqu'au cou et des vieilles crottes qui collent aux fesses. Il tartine des tonnes de pâte à l'eau, il nettoie des milliers de fois ce délicat fessier crotté. Alors toi qui n'as pas de nain, je pense que le minimum que tu puisses faire, c'est de prendre le nain puant en disant : *« Laisse, tu en changes assez toute l'année, j'y vais »* (plutôt que *« Tiens, reprends-le »* dès que tu sens un fumet s'échapper de sa couche). Et tu verras la joie, l'extase, le bonheur du parent dans ses yeux (cernés). Si le parent est démonstratif, il risque même de te prendre dans les bras et de te serrer bien fort en te disant un *« merci »* chevrotant (les larmes d'émotion).

Règle n°3 : Ne pas donner de conseils débiles

(En plus, toi, t'as pas de gosses alors tu sais pas.)
Ne te mêle pas de mon éducation, cher ami, puisque, de toute façon, le parent finira toujours pas dire : *« Elle ne peut pas comprendre, elle n'a pas de nain »* quel que soit le sujet de conversation. Donc tes *« Il est un peu capricieux ton nain, non ? »* ou tes *« Il a ENCORE le droit de manger un Kinder, bien dis donc... »* ou pire tes *« Tu les as quand même un peu trop gâtés à Noël »*... tu peux te les garder. Déjà parce que le parent fait ce qu'il veut avec ses nains. Et surtout quand lui-même doute de ses choix, crois-moi, ça n'aide pas que quelqu'un vienne le souligner.

Oui, le parent aussi trouve que son nain qui hurle ***« Je veux un chocolat Kinder toudessuite !!! »*** avec l'air agressif est un peu capricieux. Mais il ne veut pas faire de scandale alors que la petite dort juste à côté. Et tu évites aussi les questions du genre : le matin au réveil (vers 10 h, alors que le parent a l'air d'avoir fait une nuit blanche) : *« Ça va ? Bien dormi ? »* Le parent répondra systématiquement : *« Non, ils ont fait les andouilles cette nuit et se sont levés à 6 h »*. N'ajoute pas *« ça va, ça aurait pu être 5 h 30 comme hier »*
De toute façon, en règle générale, ne questionne jamais un parent sur son sommeil.

Règle n°4 : Donner à manger au nain

En voilà une idée qu'elle est bonne et qu'elle aide bien mon parent. Eh oui, le parent DONNE à manger. Tout le temps. Le parent doit donc préparer le repas des nains, mixer les légumes ou les planquer sous de la purée. Puis, le parent doit appeler *«À table !»* et attendre.
Ensuite vient la bataille du repas, et l'apothéose du dessert, entre morceaux de carottes recrachés et petits-suisses mal visés. La solution ? TOI. Eh oui, toi. Munis-toi d'un vil vêtement. Et de toute ta patience. Propose au parent de nous donner à manger. Nous serons ravis surtout si tu fais l'andouille et le parent... va chercher sa caméra. Si. En même temps, vous êtes siiiiii mignons..., surtout toi avec ton vêtement en train d'imiter le bruit du tracteur de manière ridicule.

Règle n°5 : Ne pas faire de bruit pendant la sieste

- Chuuuuuuuuuuuuuuuuuuuut.
- Chuchote.
- Enlève tes chaussures.
- Ne ris pas trop fort.
- Ne parle pas trop fort.
- Ne tousse pas trop fort.
- Ne passe pas dans le couloir de leur chambre.
- Ne tire pas la chasse d'eau.
- Baisse le son de la télé.
- Ne SONNE pas à la porte.
- Décroche le téléphone.

Arrête de vivre, le nain dort.
Oui, pour toi, ça peut paraître excessif. C'est vrai.
Mais, crois-moi, au bout de quelques jours, tu comprendras mieux pourquoi le parent réclame le silence lorsque le nain est couché. C'est son seul moment de break. Et bientôt cela va également devenir le tien.

Conclusion
Il y aurait encore mille autres règles à énoncer et si ces petites règles ne t'ont pas fait trop peur, alors fonce, cours, vole et va partager quelques jours avec des propriétaires de nains. Fais le plein de sommeil, de patience et de bonnes odeurs avant d'y aller...

**Le seul risque ? Revenir fatigué.
Mais idolâtré par des nains et remercié par des parents émus aux larmes.**

Sus à la grasse mat' !!!

Celui qui réveille le nain... s'en occupe !

Ouf, on n'a pas fait 6 !

Et les parents alors ?

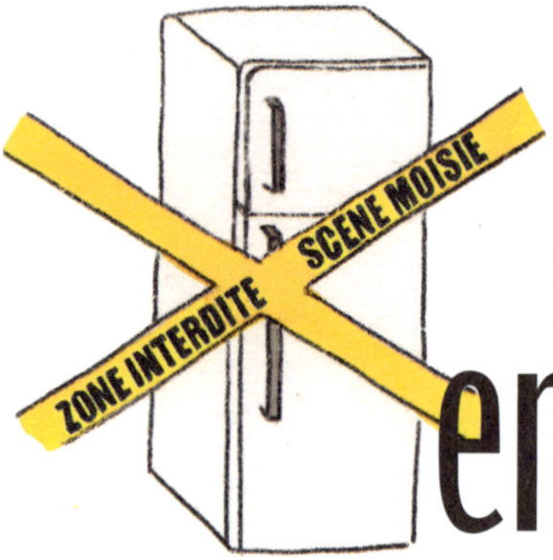

Les courses en famille

Chers parents, comme je vous sens un peu mous dans votre lecture, je vous propose un petit test. Levez-vous. Ouvrez votre frigo (discrètement car les nains ont l'ouïe fine) et procédez à une analyse visuelle de son contenu.

Non… y a plus rien ?

Regardez bien. Il ne reste plus que les yaourts à la cerise (c'est fou ça, pourquoi personne n'en veut ?), un vieux Babybel déjà grignoté-remis dans sa coque (« Z'en veux plus, maman ! »), un crottin de Chavignol (tiens, on fera des toasts au chèvre ce soir), une salade dépérissant dans son sachet (ah oui, mince, vous l'aviez oubliée celle-là…), une mousse au chocolat périmée (mais ça n'arrêtera pas le nain ce soir), une tranche de jambon sèche dans son emballage (qui a mal rangé le jambon ?), des œufs tellement vieux qu'il y a des poussins dedans, un pot de moutarde, un cornichon dans son bocal (mais sous la tirette verte qui sert à sortir les cornichons, donc destiné à mourir ici), un pot de confiture de mamie (mais vous êtes probablement au régime) et une boule pour que votre frigo ne sente pas trop le moisi…

Voilà. Vous pouvez vous rasseoir. Après ce petit test pratique (et pédagogique), vous avez pris conscience d'une chose : il vous faut (encore) faire des courses pour renflouer ce misérable frigo. Comme toutes les semaines. Ah… les courses… Avant d'avoir des nains, c'était un moment presque sympathique, prévu ou non, réalisé dans la joie et la bonne humeur : des yaourts au pur lait de vaches élevées dans le luxe, des fromages de brebis du petit producteur du coin, des fruits et des légumes succulents cueillis du matin et choisis avec soin au marché. Oui, mais avant, vous n'aviez pas de nains…

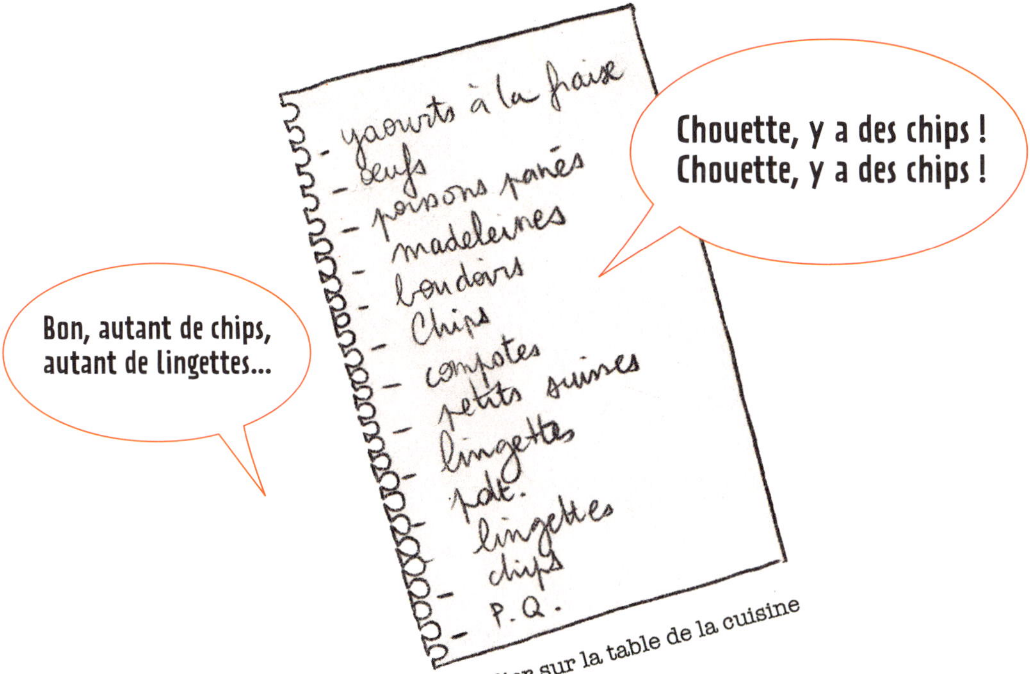

à oublier sur la table de la cuisine

C'est à vous ?

Pas de chose hurlante dans le caddie, se jetant en arrière, sur le côté, essayant de descendre du petit siège-pas-plus-de-15 kg et tentant de rogner le *« truc-dégoûtant-en-métal-mets-pas-dans-ta-bouche-c'est-cracra-et-non-on-ne-peut-pas-arracher-le-jeton-il-est-bloqué-tu-vois-bien »*.

Vous n'aviez pas à éviter certains rayons (le rayon jouets par exemple est à contourner), vous n'aviez pas à esquiver certaines allées (l'allée bonbons/chocolat et autres tentations sucrées est interdite) et, surtout, vous n'aviez pas à ouvrir des paquets de biscuits et de compotes à boire pour avoir la paix au beau milieu du magasin.

— C'est à vous l'emballage vide de Pom'Potes, Madame ?
— *Oui, c'est bien à moi, mais le nain a déjà tout mangé.*
— Et les galettes de riz là, vous aviez vu que le paquet était ouvert ?
— *Oui, oui, c'est le nain* (qui est d'ailleurs mâchuré de compote et qui a des grains de maïs soufflé dans le nez), *il avait un peu faim.*

Hop-là !

Reprenons. Vous voici arrivée sur le parking, la voiture chargée de trois nains. Il vous faut déjà trouver un petit jeton pour débloquer un caddie. La petite hurle ***« Le sou ! Le sou ! »*** pendant que vous retournez sac à main et boîte à gants pour trouver le sou fétiche. Ouf, vous réussissez à mettre la main sur un jeton. Le caddie est débloqué, il a l'air de rouler correctement (mais s'avérera coincé de la roue avant droite d'ici une dizaine de minutes).

Micronaine prend place dans son siège, Moyen Nain est posé à l'intérieur du caddie avec la promesse de rester assis (mais bien sûr) et Grand Nain suit à côté tout en s'agrippant « pour faire comme un camion-poubelle ». Charmant, on dérape à gauche... Évidemment, la liste de courses est restée sur la table de la cuisine et les cabas dans le cagibi, vous allez donc oublier des choses primordiales et devoir ré-investir dans deux cabas, ce qui ne manquera pas de faire son petit effet lors de votre retour à la maison.

Vous voici dans le magasin. Grand Nain repère les rayons-bonheur et Moyen Nain est déjà debout pour guider son frère. Micronaine a empoigné le truc en métal accroche-caddie et tente de voler le jeton en criant ***« Le sou ! Le sou ! »***.

Vous êtes péniblement en train d'essayer de visualiser votre intérieur de frigo et votre placard à réserve histoire de ne rien oublier et de ne pas acheter trop de choses en double, déjà que vous allez rentrer avec deux cabas de plus.

Le caddie se remplit, Moyen Nain est assis sur les couches et le lait, Micronaine empoigne vivement chaque article que vous piochez pour le jeter derrière elle avec un ***« Hop-là ! »*** satisfait.

Grand Nain veut TOUT et vous tentez de limiter le ticket de caisse. Il y a des indispensables : la pâte à tartiner du Mâle et les bons gâteaux tout-choco des nains, les couches et les petits-suisses par paquets de 18. Quelques petits plaisirs parentaux à planquer dans le bac à légumes et quelques plaisirs nainesques qui récompenseront une attitude positive en fin de courses. Non, ce n'est pas du chantage que de promettre un petit œuf en chocolat à quiconque ne fera pas l'andouille au supermarché.

C'est un moyen de récompenser positivement une action intelligente du nain. Il faut le savoir, et l'utiliser...

MOI, SI J'ETAIS VOUS...

– **Dans la mesure du possible, évitez de faire les courses avec vos nains.** Privilégiez les options Drive (que proposent la majorité des grandes surfaces) ou livraison, qui vous assurent des courses correctes, prêtes et faites en silence.

– **Pour éviter les drames nainesques type « Je veux çaaaaa... »,** prévenez à l'avance qu'il n'y aura pas de cadeaux, pas de jouets et pas de bonbons. Un nain prévenu est un nain déçu, certes, mais prévenu.

– **Dès que vos nains sont en âge de comprendre un peu ce que vous leur dites, envoyez-les en mini-mission dans le rayon.** Du genre « Vas me chercher ce paquet de pâtes, le nain. » Ça l'occupe et ça rend service.

Non, cette salade-là ne se mange pas...

Il faut juste l'avaler !

Une salade, le nain ?

Dans la vie, il y a les principes qu'on s'impose en tant que parents respectables. On veut faire mieux que nos propres parents parce qu'on se souvient de trucs très traumatisants (interdits de Nutella, pas de bonbons, interdits de télé le matin) que l'on ne veut SURTOUT pas infliger à nos petits chéris, nos amours, nos nains.

La vérité qui tue...

Mais ce qui nous motive le plus, c'est de ne pas ressembler à la famille Beauf-Boulet qui doit faire appel à feu Super Nanny pour punir Jason qui n'a pas compris qu'on *« ne parle pas comme ça à sa maman, Jason ! Regarde-moi bien quand je te parle ! »* Et on ne veut pas s'entendre dire : *« vous MADAME, vous MONSIEUR, on ne MENT jamais à son enfant »*.

Nous ? On ne ment jamais au nain, bien sûr que non. On lui dit la vérité, en y mettant des mots de nain pour qu'il comprenne. Par exemple, à la question : ***« Comment on fait un nain ? »***, on peut répondre : *« Heu, papa et maman s'aiment fort et puis hop, ça fait un nain. Sinon, tu veux regarder Tchoupi, hein ? C'est super Tchoupi ! »*

Et à la difficile : ***« Comment c'est quand on est mort ? »***, vous pouvez tenter : *« Heu, eh bien, c'est comme quand ta voiture télécommandée n'a plus de piles, tu vois ? Eh bien, c'est pareil, on n'avance plus, le corps n'a plus de piles... »* (Lamentable.)

Et puis, parfois, il y a ce qu'on est, un parent « fourbissime », gavé par le nain, faisant quelques entorses bien compréhensibles à son idéal parental. D'où les petits mensonges de rien du tout. Les petites salades. Croyez-moi, c'est pour la bonne cause. Toujours. Ou presque.

Le mensonge salvateur

« Non le nain, il n'y a plus de crème dessert à la vanille dans le frigo » (marche aussi avec mousse au chocolat, liégeois, glace). Petit mensonge souvent proféré par le Mâle qui surveille toute virée du nain dans le frigo. Au cas où ce dernier essaierait de lui piquer ses divins desserts. Le nain n'a qu'à manger ses petits-suisses. Et les yaourts à la cerise.

››› *« Désolée, mon chéri, il n'y en a plus* (Ils sont planqués sous les bières du Mâle dans le bac à légumes). *Tu veux un petit-suisse à la framboise à la place ? Miam, c'est bon !!! Ou bien il reste des yaourts à la cerise sinon... »*

« Ah non, le nain, le manège va fermer, il faut s'en aller, le monsieur doit rentrer chez lui » (marche aussi avec la piscine, le square et tout lieu festif pour le nain). C'est ça ou la colère hurlante parce que le nain ***« ne veut pas partiiiiiir »***. Et la honte devant tous les autres parents qui ont pensé à faire lire *Tchoupi fait un tour de manège* avant de partir (en faisant promettre au nain qu'il ne ferait pas de colère, comme ce mauvais Tchoupi).

››› *« Désolée mon petit lapin, mais tu vois, le monsieur du manège a envie de rentrer chez lui retrouver ses gentils nains... »*

Qui a encore mis des légumes dans mon bac à mousse au chocolat ?

« Tiens, c'est bon, c'est du poulet ». Le nain « surkiffant » le poulet, je ne vois pas pourquoi on lui pourrirait son groove en lui disant qu'il mange du dos de cabillaud. Ce n'est pas sexy pour un sou, et ça donnerait presque envie de vomir.

››› *« Oui oui, le nain, c'est du poulet. Le même que dans les nuggets. Oui, vas-y, il est juste plus blanc. Et il s'appelle colin. Mais c'est du poulet. »*

« En fait, le reste de l'année, papa Noël, il dort… » Parce que sinon, le nain gonfle légèrement le parent avec ses questions sur le père Noël ! Est-ce qu'il va venir bientôt ? qu'est-ce qu'il fait pendant le reste de l'année ? est-ce qu'on peut aller le voir ? Pénible.

››› *« Avec ses rennes, oui, il dort. Non, il ne mange pas. Il ne boit pas non plus. Eh non, on ne peut pas aller le voir, je t'ai dit qu'il dormait. Mais bien sûr qu'il continue à surveiller les enfants pour voir s'ils sont sages et gentils avec leurs parents. Évidemment, le nain, tu le prends pour un débutant, le père Noël ? »*

« Oh là là, il est très tard, il faut vite aller au dodo… » Oui, d'accord, il est 20 h 25. Mais le nain ne sait pas lire l'heure et ce soir, vous n'avez absolument pas envie de vous farcir les trois histoires habituelles, remplies de tracteurs, lapins, loups et autres personnages redondants.

››› *« Donc, voilà, on se dépêche, les nains, on a fait la fête hein ce soir, il est tard, c'est presque l'heure des grands, hou là là là, papa et maman vont aller se coucher bientôt* (après une looooongue soirée en amoureux… gniark !). »

« Non, ce n'est pas le matin, c'est la nuit. » En fait, oui, objectivement, si on regarde par la fenêtre, il fait nuit. C'est l'hiver et il est 7 h. Profitons-en, l'été c'est moins crédible..

››› *« Mais c'est la nuit, le nain ! Alors tu te rendors. Et pas jusqu'à 7 h 20, hein? Tu fais un effort, tu pousses jusqu'à 8 h. Et si je te revois debout alors que le soleil n'est pas levé, eh bien, eh bien, eh bien, ce n'est pas bien ! »* (quelle repartie matinale !).

MOI, SI J'ETAIS VOUS...

Je ne prône absolument pas le mensonge systématique au nain et surtout pas dès qu'il s'agit de choses vraiment importantes et le concernant directement. Il est essentiel de communiquer avec le nain, avec des mots d'enfant, tout en s'arrêtant là où on risque de le perturber plus que de le rassurer.

– **En revanche, quelques petites entourloupes parentales (type « Le manège va fermer ») aide à se sortir de situations parfois délicates** (et à éviter des colères gênantes et inutiles).

LES BONS PLANS
DU NAIN

Relooke ton chez toi !

Chers parents, vous le savez, avant d'avoir un adorable nain, vous aviez une maison normale avec bibelots cassables et prises apparentes. L'arrivée d'un de mes congénères va tout changer. Prenez de l'avance en lisant mes bons conseils déco pièce par pièce et je vous promets que vous ne serez pas pris au dépourvu quand votre nain arrivera…

Le salon/pièce à vivre

Avant : au milieu du salon trône un canapé en croûte de cuir de vachette moisie du Pérou. Posé devant une table basse en verre, des livres intelligents posés en évidence sur un meuble design. Au sol, un tapis en laine vierge et bouclettes moelleuses attend vos pieds nus en soirée.

L'avis du nain-spécialiste : inutile. Investissez dans un canapé sur lequel on peut sauter et rouler, en tissu déhoussable qui peut être lavé vite et bien (et souvent). Laissez tomber la table basse flippante et préférez-lui une table basse ronde sans coins qui blessent, avec possibilité de poser jouets, feuilles et feutres dessus. Ajoutez un transat au milieu de la pièce, quelques peluches et un bac pour ranger tous-ces-jouets-qu'on-avait-dit-pas-de-jouets-dans-le-salon.

La cuisine

Avant : votre plan de travail brille et les fruits de la corbeille de fruits ne sont pas pourris-moisis. La cuisinière 4 feux est briquée et l'évier est exempt de tout biberon chocolaté. Il n'y a aucun petit pot entamé dans le frigo ni petits-suisses à la fraise. Votre frigo est immaculé, il n'y a trace d'aucun magnet ridicule gagné dans des paquets de petits-suisses.

L'avis du nain-spécialiste : équipez-vous d'une chaise haute et d'une série de bavoirs limite propres, à entasser dans un placard. Un arbre à biberons doit traîner sur votre plan de travail, rempli de biberons tout troubles, au milieu d'une traînée de poudre de lait. Le lave-vaisselle tourne (encore) car il faut laver nos bols fétiches et nos couverts super-héros. Il doit rester un peu de nos coquillettes de midi dans l'évier et des miettes du goûter sur la table ; et un peu de tout cela par terre. Votre cuisine doit être également la succursale de votre armoire à pharmacie, car tout s'accumule : sirops, pipettes... Vous avez beau ranger, ça revient, mais c'est normal car nous sommes friands de sirop rose.

La chambre parentale

Avant : votre lit est parfaitement fait, housse de couette assortie, et votre chambre est aérée tous les matins. Les voilages sont discrets et flatteurs. Sur votre table de nuit, un bon polar entamé et une bouteille d'eau minérale. Dans la penderie, les vêtements sont sur cintres (les chemises du Mâle) et d'autres sont bien pliés et rangés par couleur et saison. Les culottes sont dans le panier à culottes. Les chaussettes sont dans le panier à chaussettes (sauf les célibataires qui sont dans le panier à chaussettes célibataires).

L'avis du nain-spécialiste : je vous suggère de virer votre housse de couette en percale pour privilégier une vile housse défraîchie qui passe au sèche-linge. Les oreillers se doivent d'être dépareillés (évidemment), quelques vêtements sont jetés en vrac sur le lit, vêtements que tout nain normalement constitué ne manquera pas de venir piétiner lors de sa séance de bonds quotidienne.
Votre penderie ? Chaque étage est un petit monde :

- l'étage du « ce dans quoi vous rentrez »,
- l'étage du « ce dans quoi vous rentrerez bientôt (un jour) »,
- l'étage du « ce dans quoi vous ne rentrerez plus jamais – mais vous les gardez quand même on ne sait jamais – on peut rêver ». Au sol, un peu de linge traîne et une des deux lessives quotidiennes sèche sur un tancarville (charmante décoration), ce qui nous permet de récupérer notre tee-shirt fétiche (et humide) pour aller à l'école.

La salle de bain

Avant : votre salle de bain est rutilante. La baignoire lustrée et/ou la douche à l'italienne somptueuse. Les produits de beauté sont rangés par ordre de taille sur une étagère dépoussiérée et la trousse à maquillage est ouverte car elle sert tous les jours.
Au bord du lavabo, deux brosses à dents neuves se câlinent et l'évier est exempt de traces de dentifrice (à la fraise).
Le tapis de bain bouclette est assorti aux gants de toilette qui, eux-mêmes sont assortis aux serviettes de bain, qui elles-mêmes sont assorties aux peignoirs... Au bord de la baignoire, le gel douche aux pétales de rose jaune du Laos côtoie le masque figue-coco pour peau sèche et le shampoing « cheveux légèrement ébouriffés » ainsi que l'après-shampoing dompteur de « cheveux légèrement ébouriffés ».

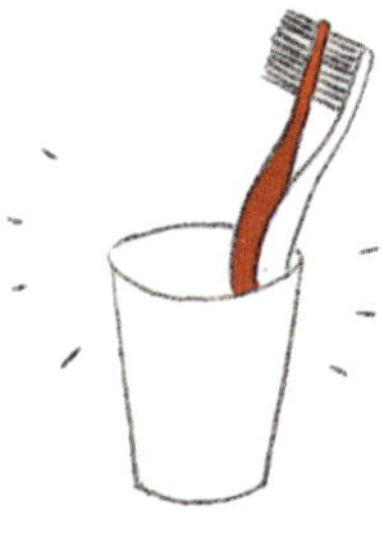
Avant

Après

L'avis du nain-spécialiste : ajoutez directement une demi-tonne de jouets et de gobelets dans la baignoire et des animaux à ventouser sur les murs. Rangez donc vos peignoirs et veillez à accrocher nos magnifiques capes de bain, oui oui, celles avec des oreilles et une capuche. Au bord de notre baignoire-piscine, je vous suggère de virer votre gel douche si vous ne voulez pas que nous le déversions dans notre eau (croupie) pour faire de la mousse. Remplacez-le par un énorme flacon pompe « Corps ET cheveux », pratique pour nos petites mains malhabiles. Près du lavabo (maculé de dentifrice rose), n'oubliez pas d'ajouter nos brosses à dents estampillées Mickey. Sur l'étagère, votre trousse à maquillage a disparu, remplacée par le flacon d'éosine (qui fuit), dix paquets de coton, de la crème pour le change, de l'huile bébé-massage-dodo-détente-sommeil (vous aurez tout tenté), du liniment et un thermomètre, environ 18 pipettes roses de Doliprane (au cas où..), quelques tubes d'homéopathie (arrêtedechialum 9CH, tuvasfairedodum 5CH, arrêtedereniﬂoum 7CH), des suppos en tout genre, des pipettes de sérum phy, etc.

Et n'oubliez pas de laisser notre poussette (dépliée) dans l'entrée et les paires de chaussures qui traînent, quelques manteaux de nains au sol et des barrières d'escalier impossibles à ouvrir. Je crois que vous êtes déjà bien préparés. Le reste viendra tout naturellement... sans que vous ne puissiez rien y faire...

Alors je pensais mettre une touche
de vert anis pour la salle de bains ...

Comment, TA mère a oublié qu'elle gardait les enfants ?!!

une soirée en amoureux (ou presque)

Sans vous, les nains n'existeraient pas. Avec les nains, votre couple a parfois du mal à exister... Ce n'est pas faute d'essayer, ce n'est pas faute de vouloir. Mais le quotidien vous rattrape, inéluctablement.

Parents qui craquent

Notre magazine *Parents qui craquent* a enquêté sur ce phénomène bien connu des parents qui est : « La soirée en amoureux qui rate ». Eh oui, c'est prouvé scientifiquement, toute soirée en amoureux prévue de longue date (ou décidée à la dernière minute d'ailleurs) a environ 86,7 % de chances de rater.

Une maladie nainesque, un resto fermé, une baby-sitter qui annule... tout semble se liguer contre le couple parental qui tentait juste de prendre un peu de temps pour lui...

Pour confirmer notre enquête, voici un micro-trottoir réalisé auprès de parents spécialistes de la question. Lisez ces témoignages, c'est effrayant et ça rassure en même temps...

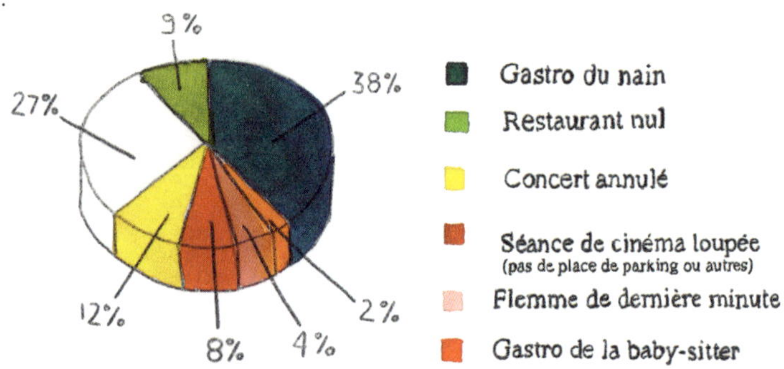

Diagramme des échecs des soirées en amoureux

« Notre dernière soirée en amoureux, alors que j'avais réussi à caser les nains chez mes parents, je l'ai passée au lit. Seule. Avec une angine carabinée (probablement refilée par les nains susnommés) pendant que mon chéri sortait (du coup) avec ses copains. » **Cathy**

« Oh, ma dernière soirée en amoureux ? On a été au cinéma voir Batman. *Le 1 (en 2001…). »* **Séverine**

« La dernière soirée cinéma ? On a raté la séance car on n'arrivait pas à mettre la main sur les clés de la voiture pour partir. On les a retrouvées le lendemain, dans le panier de la poussette. » **Olivia**

« Notre dernière soirée en amoureux, c'était au restaurant et on avait emmené le petit dernier (2 mois) puisqu'il dort habituellement en nacelle sans souci. Sauf là. Nous avons donc dîné l'un après l'autre (j'ai mangé froid) devant une chaise vide, pendant que le préposé au nain le promenait dans la rue. Super ! » **Laurène**

« La dernière fois que nous avons mangé ensemble avec mon homme ?? Je ne vois pas… Ah, si, deux heures avant d'accoucher du premier… » **Céline**

« Ah oui, le dernier petit restaurant en amoureux. Notre fille avait 8 mois, ne faisait pas encore ses nuits et on n'en pouvait plus. Ma mère l'a gardé, le temps d'une virée à deux. Je me suis endormie sur la banquette du resto en attendant le plat… » **Aline**

« La dernière fois qu'on est sorti tous les deux, rien que tous les deux, c'était pour aller faire le plein de courses au supermarché du coin… Tellement romantique… » **Alice**

« Nous nous sommes payés des vacances en amoureux pour une semaine en Espagne. Nous avons eu le temps d'arriver, d'avoir un coup de téléphone de mamie pour nous annoncer que le grand s'était cassé la jambe, et de remonter fissa. » **Caroline**

« Notre dernier film en amoureux, c'était la fin du dessin animé des nains. Nous avions dû l'interrompre dans l'après-midi et mon cher mari mourrait d'envie de voir la fin. Si si. Comme je vous le dis. » **Clotilde**

Nous arrêtons ici les témoignages car ils sont éloquents.
Le parent peut s'octroyer une soirée couple, un moment à deux, un instant chargé de promesses. Il peut.
À ses risques et périls.
Après une étude comparative des sorties, des vacances et des virées à deux, nous avons pu établir quelques cas de figures assez fréquents.

Une simple virée à deux :
- est généralement organisée pour aller faire des courses, des soldes pour le nain, pour faire des travaux ou déménager,
- est un moment où on parle beaucoup des nains finalement...,
- se termine souvent tôt (parents fatigués) et se paie le lendemain (il faut bien récupérer les nains).

Une sortie au restaurant peut déboucher sur :
- un restaurant fermé,
- un restaurant complet, (et vous n'aviez pas pensé à réserver)
- un restaurant « dégueu » avec nuit vomitive qui s'ensuit,
- un restaurant trop long et vous finissez par comater sur votre siège (et à demander l'addition en pleurant à 22 h 30).

Un concert réservé six mois à l'avance, quant à lui, peut :
- être annulé la veille pour cause de trachéite du chanteur,
- être vraiment nul (du genre play-back),
- se finir très tard (trop tard) et vous pourrir la semaine (le temps de vous en remettre).

Un voyage en amoureux a des chances de :
- se dérouler dans un hôtel miteux, aux voisins bruyants et aux toilettes immondes (alors que sur leur site Internet, tout avait l'air parfait),
- rater parce qu'arrivée devant le comptoir d'enregistrement, vous vous rendez compte que votre carte d'identité est périmée (gloups...),
- vous surprendre : peut-être que partir en Inde en pleine saison des pluies n'était pas l'idée du siècle finalement...

Ne vous découragez pas, chers parents, il y a quand même quelques soirées qui réussissent, quelques moments à deux volés et mérités, quelques heures, quelques jours passés loin de ceux qui vont vous manquer (tout de même).

Oui, t'as raison,
c'est encore
le moins risqué !

Chéri, tu sais quoi ? On va
se prendre une pomme
devant la télé...

MOI, SI J'ETAIS VOUS...

– **La soirée en amoureux n'est pas forcément une soirée.** Ça peut être un petit sandwich un midi si les nains sont à l'école/crèche/nounou, ça peut être juste un matin shopping à deux. Parfois cela suffit à reprendre son souffle.

-– **Si vous n'arrivez pas à vous débarrasser de vos nains, faites-vous une soirée sympa chez vous.** Une livraison de sushis et un bon DVD, ça remplace parfois un resto-ciné raté.

Je peux te rappeler ?

Tubulubululubulu.... (sonnerie de téléphone qui retentit dans votre maison PILE lorsque vous avez décidé de faire quelque chose avec vos nains). C'est généralement votre amie Nulli (mais si, celle qui n'a pas de nains) qui vous appelle pour vous demander quelque chose de très important. Le souci ? Vous avez des nains. D'ailleurs, ce sont eux qui décrochent les premiers.

— Allo ?
— Allo ?
— C'est Nulli au téléphone, là !
— Allo ?
— Heu, Grand Nain ?
— Allooooooo ???
— Moyen Nain alors ?
— Ouiiiiiiiiiiiiiii c'est MOI ! Allocéki ? Céki ?
— C'est Nulli, Moyen Nain, tu me passes maman ?
— Quoi ? Quoi ? Quoi ?
— Ta maman, tu me la passes s'il te plaît, le nain ?
— Tiens Oooooo.... c'est maman !
— Bon, au revoir, le nain !

Tut ! Tut ! Tut !
Le nain a raccroché. Nulli rappelle (légèrement excédée).
— Allooooo ? Céki ???
— Heu... C'est Grand Nain cette fois ?
— Oui, c'est moi, c'est qui ?
— C'est Nulli, ça va le nain ?
— Oui, ça va et toi ça va ?
— Heu oui, ça va, maman est là ?

— ***Oui, elle pouvait pas décrocher parce qu'elle m'essuyait les fesses parce que j'avais fait…***
— Formidable et maintenant elle est là ?
— ***Oui elle est là.***
— Tu me la passes ?
— ***Tu sais… j'ai un petit frère !***
— Oui, je sais, je te connais, le nain, tu sais c'est moi, Nulli, la copine de maman, youhou le nain !
— ***Et aussi une petite sœur, elle est belle !***
— Je sais, le nain, je suis venue la voir l'autre jour, tu te souviens ?
— ***Je sais pas.***
— Bon, ce n'est pas grave, le nain. Et maman est là alors ou pas ?
— ***Oui mais elle va pas parler trop, hein, parce qu'on doit aller aux jeux et se promener, alors on va y aller même qu'on va aux jeux, j'aime bien faire du toboggan.***
— D'accord, le nain, alors passe-la-moi vite…
— ***Oui, bisous alors mamie !***
— Heu, Nulli, mais bisous, le nain…

Enfin vous arrivez à récupérer le combiné.
— *Coucou maman ! Tu tombes mal on allait sortir !*
— Heu non, en fait le nain a dit mamie mais c'est Nulli !
— *Ah ! Salut ma belle, quoi de neuf ?*
— Eh bien écoute, c'est un peu pour ça que je t'appelle, en fait…
— *Mmmm oui… attends, Moyen Nain ? Tu n'enlèves pas ta veste, on va y aller. Ouais Nulli, on partait en balade, mais vas-y…*
— Tu sais, je t'avais parlé de ce nouveau mec-là qui me plaisait pas mal…

— *Celui du cours de salsa ? NON, MOYEN NAIN, tu ne touches pas à la barrière, tu attends maman pour descendre les escaliers...*
— Non, l'autre là, celui que j'ai rencontré à la dernière expo d'art contemporain où tu n'avais pas pu venir...
— *Ah oui et alors tu ...Grand Nain, tu enfiles tes chaussures maintenant et tu arrêtes de les faire renifler à ton frère...*
Attends Nulli, deux secondes (vous couvez le combiné de votre main) : *Les nains, quand maman est au téléphone, elle aimerait bien que ses enfants se taisent. Je n'entends rien du tout à ce que Nulli me raconte. Alors vous allez rester calmes encore 5 minutes qu'elle puisse terminer et après, si vous avez été sages, on ira au manège. Ok ? Alors Moyen Nain tu attends et Grand Nain tu mets tes chaussures. Oui, donc tu disais ?*
— Oui, bon, bien le mec, il m'a demandé d'aller avec lui au ciné ce soir.
— *Oui et alors ? Non, Grand Nain, elles sont à l'envers là... Et tu lui as dit quoi ?*
— Ce que je lui ai dit ??
— *NON !!*
— Ben si, en fait, je lui ai dit SI.
— *Non, excuse-moi, c'est Moyen Nain qui veut piquer les chaussures de son frère, tu lui as dit quoi alors?*
— Eh bien SI et c'est pour ça que je t'appelle.
— *Pourquoi ?*
— Parce que c'est la semaine du festival Télérama et je sais que tu es abonnée.
— *Ouais, d'ailleurs me semble qu'il est encore sous blister, tiens, le dernier, pas eu le temps de le lire...*
— Alors je me disais que si tu ne te servais pas des places offertes dans le magazine, je pouvais peut-être...
— *Pour aller au ciné ? Ahahahaha... Pardon, tu penses que je vais pouvoir aller au ciné ?*
— Non, justement, si tu n'en fais rien, je peux les prendre ?
— *Bien sûr ! Mais OUI ON VA Y ALLER LE NAIN TU PEUX ATTENDRE DIX SECONDES, NON ?!!*
— Heu ?
— *Excuse-moi, ils ont les manteaux, ça les énerve un peu...*
— *Ok, merci alors, je passerai les prendre avant d'aller au ciné alors...*
— *Oui et si je ne réponds pas à la porte quand tu viens, c'est que je m'occupe des nains, t'auras qu'à entrer et monter à la salle de bain. Bon, je te laisse, on se rappelle et puis LÂCHE CE STYLO LE NAIN PAS SUR LES MURS....*
— Oui oui, à toute, hein !

MOI, SI J'ETAIS VOUS...

– Évitez d’appeler les gens en présence de vos nains, ça dérape forcément.

– Profitez d’une sieste pour passer vos coups de fil voire d’un petit dessin animé.

– Si les nains sont surexcités, mettez fin au coup de téléphone en promettant de rappeler plus tard. Vous ne rappellerez pas, bien entendu, vous aurez oublié. Mais, à force, les gens ont l’habitude et vous rappellent d’eux-mêmes.

LES BONS PLANS
DU NAIN

Les anciens principes de mes parents

Je suis certain que tes parents, ami nain, tout comme les miens, étaient pétris de bons principes avant de t'avoir. Eh oui, avant de devenir le papa du nain et la maman du nain, ils y croyaient… Tu ricanes ? Comme je te comprends. Mes parents sont pareils. Ils y croyaient dur comme fer. Et puis ils m'ont eu.

« Avant, j'avais des principes, maintenant j'ai des nains. »
Voilà ce que nos parents finissent par conclure à chaque fois qu'ils sont sommés de justifier une décision parentale peu conforme à ce qu'ils avaient pu énoncer quelques années auparavant. En même temps, c'est vrai qu'ils se sont trompés. En beauté. Mais avouons-le, nous les y avons un peu aidés. Juste un peu…

« Mes nains ne regarderont pas la télé le matin »

Oui, bon. Évidemment, ça fait bien devant les copains qui collent leurs nains devant la télé tous les matins pour avoir la paix. Devant les nullipares qui trouvent que la télé, ça rend idiot. Devant wondermaman qui organise un atelier bilingue français/anglais en alternance avec un atelier peinture sur soi(e) tous les week-ends pour occuper ses wondernains. Cela dit, même si ça fait bien, tes parents ne tiendront pas très longtemps… En effet, aucun parent ne décline quelques minutes de sommeil supplémentaires lorsqu'arrive le week-end. Surtout si tu as eu l'audace de les réveiller plusieurs fois dans la nuit (pour questions existentielles du type : ***« Maman ? Est-ce que c'est possible d'avaler une épée de chevalier ? »***) et que tu as poussé le vice jusqu'à te réveiller à 6 h 22. Rends-toi au pied du lit de tes parents, donc, et chouine d'un air pénible (du nain qui va faire passer une mauvaise journée à tout le monde). Finis par demander : ***« Sinon je peux regarder un petit dessin animé ?? »*** et apprécie les huit secondes trente de réflexion parentale. Regarde-les s'interroger du regard. Et finir par acquiescer d'un air épuisé. Tu as gagné. En même temps, c'était facile…

« Mes nains ne mangeront pas de frites ni de chips »

Ah… la junk-food, la vraie bonne bouffe ! Difficile de faire comprendre aux parents que cette divine nourriture est essentielle à ton bon développement et à ton moral (surtout à ton moral). Evidemment, c'est succulent, évidemment, ils trouvent que c'est mauvais. Si tu es le premier nain d'une fratrie, ce principe est assez compliqué à contourner. Il va te falloir ruser, ami nain. Ou t'entourer de nains plus âgés qui daignent partager une frite ou deux avec toi. Tu peux également compter sur tonton Apéro pour te filer quelques chips. Si tu n'as que tes parents, je peux te conseiller deux tactiques : la « mignonnitude » et la « chiantitude ».

La mignonnitude t'oblige à prendre un air mignon-trognon et à ânonner débilement ***« Papa ? Une-chips-s'il-te plaît ? »***). Normalement, ton père, fier d'avoir été interpellé par un être aussi choupinet (oui, ton père est niaiseux parfois) te donnera une chips. N'hésite pas à recommencer plusieurs fois, ça fonctionne très bien. Laisse le te filmer pour envoyer la vidéo « trop mignonne » à toute ta famille, ça l'occupe.

La chiantitude est une attitude que tu maîtrises assez bien en règle générale puisqu'elle est intrinsèque à ta condition nainesque. Afin d'obtenir une frite ou une chips (voire un bonbon), n'hésite pas à exagérer ta chiantitude au moment où elle est le plus insupportable pour le parent : trajet en voiture, trajet en train, apéritif avec amis prout-prout.

« Mon nain n'aura pas de tétine »

Un des principes les plus faciles à contourner, ami nain, crois-moi. En quelques semaines, tu peux avoir ta tétine dans le bec. Rien de plus simple. Dès la naissance, chouine. Et calme-toi lorsque tu tètes. Re-chouine. Chope tout ce qui traîne et mets-toi à téter d'un air débile. Le morceau de tee-shirt de ton père qui traîne, l'index légèrement dégueu de ta grand-mère, bref, tout ce qui vient à proximité de ta bouche pour essayer de te calmer lors de ta crise de pleurs injustifiée.

Pleure, donc, et calme-toi instantanément lorsque tu chopes un truc à suçoter. Si c'est le doigt de ton père, tète très fort, histoire de lui faire mal. Pour parachever ton action, n'oublie pas de ne pas t'endormir seul mais uniquement au sein, en tétant un index ou en buvant ton biberon. Réveille-toi dès que ça s'ôte de ta bouche et pleure. Normalement, en quelques jours (voire quelques semaines si tes parents étaient vraiment anti-tétine), tu devrais avoir ta tétine salvatrice. Pour une action vraiment efficace, il est bien entendu nécessaire de s'abstenir de prendre ton pouce.

Évidemment, il y a certaines choses qui ne seront pas négociables, ami nain, parce que tes parents ont tout de même certaines valeurs auxquelles ils ne renonceront pas. Cela dépend de certains parents, mais ça peut aller de la tétine à laquelle tu n'auras JAMAIS droit (rare) à la pâte à tartiner riche en trucs-pas-bon-genre-huile-de-palme que tu n'auras JAMAIS sur ta tartine. Ça peut être aussi la télévision (mon pauvre) ou, encore pire, les bonbons.

Mais il y a une chose qui doit te rassurer, ami nain. C'est qu'un jour, toi aussi, tu seras parent. Et que, ce jour-là, c'est toi qui abandonneras certains principes. Pour t'en façonner d'autres.

Anti-tétine ? Vraiment ?

Nom de code : tétine.
Objectif de l'opération :
sevrage complet !

Pour UNE FOIS, chéri, ouvre tes oreilles !!!

À toi devenu papa, quelques règles à suivre...

Ah, les Mâles... Même si vous n'êtes pas mon « lecteur type », qui serait plutôt une « lectrice » d'ailleurs, je me dois de penser à vous. Vous êtes présent, devenu papa, vous êtes là et même si parfois on a l'impression que vous êtes un nain de plus, vous êtes également notre partenaire officiel éducation nainesque.

Je vous écris donc ce petit texte pour vous aider, cher Mâle, pour vous rendre service (ne me remerciez pas) afin de vous permettre de devenir LE Mâle parfait, celui que toutes les copines envient. Eh oui, pour éviter d'énerver votre chère et tendre conjointe qui sourit narquoisement derrière votre épaule (d'ailleurs c'est ELLE qui vous a tendu le livre corné à cette page), je m'en vais vous délivrer quelques menus conseils fort à propos...

PEUT MIEUX FAIRE !

Règle n°1 :

Patient (très patient) vous serez
Cette règle s'adresse tout particulièrement au Mâle propriétaire d'une femme enceinte. Surtout, cher Mâle, tentez de ne jamais vous énerver, jamais. Ne pas élever le ton et ne pas lever les yeux au ciel. Et surtout, ne pas partir en maugréant quelque chose dans votre barbe.
Contentez-vous de répondre aimablement aux questions, et ce, à toute heure du jour et de la nuit.
Je vous conseille donc d'alterner les :

- *Oui, tu es belle !*
- *Non, franchement, tu n'as pas trop pris...*
- *Évidemment que tu devrais te racheter des petits hauts de grossesse !*
- *Non, ça ne me dérange pas du tout de te masser (encore) le dos (à minuit)...*
- *Tes vergetures ? Ah ? Je n'avais pas remarqué en fait...*

Règle n°2 :

Quelques tâches ménagères vous effectuerez

Je ne sais pas moi, rendez-vous utile ! Passez l'aspirateur, faites la vaisselle du plat à gratin qui attache (depuis trois gratins) ou lancez une lessive (à 30 °C, ne prenez surtout pas de risques). En gros, faites un truc utile, un truc qui aide. Passez un coup d'éponge après avoir ôté tous vos délicats poils de barbe au rasoir autour du lavabo de la salle de bain. Par exemple. D'ailleurs, il me faut souligner que le plus important n'est pas l'accomplissement de la tâche. Le plus important, disais-je, c'est l'humilité et la discrétion une fois la tâche accomplie par vos soins. Ce n'est effectivement pas la peine de faire quelque chose et de vous pavaner ensuite pendant une semaine en rappelant à qui mieux mieux que vous avez, au choix, « étendu le linge », « rangé les slips des nains par couleur » ou « fait une bonne partie des lessives ».

Règle n°3 :

Pas (trop) malade vous serez

Alors là, non. Pitié ! Pas malade. Vous visualisez bien, le Mâle ? Non ? Alors laissez-moi vous expliquer. Quand vous êtes malade, cher Mâle, vous êtes, heu… comment vous dire… on a juste envie de vous achever ! Rapidement. À la machette. Non, parce que vous ne savez pas souffrir en silence, mon cher. Vous vous traînez, vous couinez, vous geignez, vous avez mal à la gorge, mal à la tête, mal aux sinus et mal au nez. D'ailleurs vous n'avez jamais eu aussi mal de toute votre vie. Aaaargh. En revanche, vous n'allez pas chez le médecin. Que pourrait-il faire pour votre cas extrême d'ailleurs ? Et la nuit, c'est pire. Oui, car vous aimez nous réveiller pour nous faire part de votre souffrance sans précédent, de ce nez bouché qui vous empêche de respirer. Puis vous vous rendormez dans la minute. Pas nous.

Règle n°4 :

Vos chaussettes par deux, au sale vous déposerez

Ça a l'air très simple comme règle mais je suis certaine que vous faites, cher Mâle, le soir, comme tous les Mâles. Vous ôtez une chaussette, puis deux. L'une file sous un tapis/lit ou entre deux meubles. Et l'autre ? Eh bien, elle gît. La chaussette sale et seule, ça rend dingue. Vous savez, aussi dingue que la dernière tranche de papier toilette chez des gens qui ne rangent manifestement pas leur papier toilette dans la petite armoire au-dessus des toilettes. Bon, revenons aux chaussettes. Action : enlevez vos chaussettes. Puis essayez de les jeter ensemble. Par terre, ça va aussi, le panier, ça viendra plus tard. Mais si vos deux chaussettes peuvent se retrouver ensemble dans la machine à laver, c'est extraordinaire ! Vous n'imaginez pas.

Règle n°5 :

La nuit (parfois) vous vous lèverez

Alors, je le sais bien, cher Mâle, je le sais bien, vous n'en-ten-dez pas. Enfin pas bien. Enfin moins vite que nous. Nous sommes tellement promptes, dites-vous. Laissez-moi vous expliquer. Une mère, ça ne dort plus jamais comme avant. Ça ne dort plus du tout d'ailleurs, ça monte la garde, ça guette, ça reste en veille prolongée. Mais NON, une mère, ça n'aime pas non plus se lever la nuit. Ne faites donc pas semblant de dormir. Ne faites donc pas la carpette au souffle régulier. C'est mal !

Règle n°6 :

Les couches atomiques vous changerez

Oui, vous les changerez. Toutes. Même les liquides, même les explosives, même les puantes... Vous les changerez car ce n'est pas très poli de refourguer un nain puant. Ni à votre chère et tendre. Ni à votre belle-mère.

Règle n°7 :

À quelques activités niaises vous participerez

Ah oui, que je vous explique : nous non plus nous n'adorons pas patauger dans l'eau tiède de la piscine municipale avec un arrosoir en attendant que la bestiole en couche Némo ait les lèvres bleues. Et à nous aussi, rester à côté du nain pendant le tour de manège, ça nous donne envie de vomir.

En bref, Cher Mâle, suivez ces quelques règles et votre quotidien va s'améliorer. Enfin, surtout le nôtre, en fait. C'est déjà ça. Mais en tout cas, merci d'être là, malgré tout. Il faut être au moins deux. We are TO-GE-THER.

Allons chérie,
tu l'as voulu cet enfant,
quand même...

C'est prouvé,
nous n'entendons pas
les pleurs du nain la nuit.
Question d'ultrasons…

à toi devenue maman,

quelques règles à suivre (ou pas)

Une fois n'est pas coutume, je laisse la plume au Mâle qui tient absolument à écrire quelques mots dans cet ouvrage. M'est d'avis qu'il n'a pas apprécié le texte précédent et qu'il a envie de vous faire partager SES propres conseils avisés… Attention, article riche en mauvaise foi !

Je n'ai pas beaucoup de place pour vous donner mes conseils, mais je vais m'efforcer d'être bref. Puisque les pages précédentes étaient censées ME donner de bons conseils, je me vois dans l'obligation de délivrer maintenant quelques règles pertinentes à suivre si vous êtes une maman.

PEUT (ENCORE)… EN FAIRE PLUS !

Comment fait-elle pour décoder ces signes obscurs ?

Règle n°1 :

Sur vous, vous prendrez (un peu)
Cette règle s'adresse tout particulièrement à vous qui êtes enceinte. Je sais bien qu'il y a les hormones, votre corps qui est tout bouleversé, votre esprit qui fonctionne (qui « psychotte ») à cent à l'heure, mais tout de même… arrêtez de nous gonfler avec vos questions pseudo-existentielles ! On veut bien vous serrer dans les bras, on veut bien écouter vos listes de prénoms à rallonge piquées sur les forums féminins. On veut bien s'extasier sur un body blanc taille naissance mais, par pitié, pas de questions débiles LA NUIT !

Le mâle en mode hibou ?

Règle n°2 :

Trop compliquée pour nous, cette tâche vous assumerez

Sans mentir, il y a des trucs qui ne sont pas faciles à faire. Pour nous, je veux dire. Lancer une machine, par exemple, vous prend au bas mot, 5 minutes... contre 15 pour nous. Le système de tri blanc/couleur me semble être un des derniers bastions du genre féminin. Pourquoi, par exemple, le gris irait-il plutôt avec le blanc à 40 °C et pas avec la couleur à 30 °C ? Hein ?? Bref, les machines, c'est compliqué quand c'est nous.
C'est un peu pareil pour le repassage de chemises. Puisque ça nous prend 30 minutes (et que c'est raté), c'est un peu débile que nous perdions notre temps à le faire alors qu'avec vous, c'est liquidé en 10 minutes. Et que vous aimez ça (non ?) !

Règle n°3 :

Quand malade nous serons, empathique vous serez

Je ne sais pas pourquoi mais vous, les mères, vous n'êtes JAMAIS malades. Bon, de temps à autre, un nez qui coule, mais jamais rien qui vous empêche de vous occuper des nains. Tandis que NOUS, nous sommes parfois atteints par des maux douloureux, par des microbes agressifs. Tout cela nous cloue au lit, nous annihile complètement. Nous risquons notre peau à chaque attaque virale et non, nous n'en rajoutons pas. Si nous arrivons à émettre des sons geignards, c'est uniquement par instinct de survie. Alors, s'il vous plaît, un peu d'empathie, un peu de cajolerie, ça ne coûte pas grand-chose...

Règle n°4 :

La nuit, notre impossibilité à nous lever vous comprendrez

C'est prouvé. Nous n'entendons pas les pleurs du nain la nuit. Question d'ultrasons que notre ouïe mâlesque ne peut capter. De toute façon, soyons francs, même si nous entendons un son, il me semble plus intelligent que ce soit vous qui preniez en charge cet appel. En effet, il est prouvé que nous mettons trois fois plus de temps à calmer un nain qui hurle dans son sommeil. Voilà pourquoi la nuit, chères mères, nous ne pouvons décemment pas nous lever. Sauf si coup de coude bien placé il y a. Et dans ce cas, vous comprendrez que la journée du lendemain ne sera pas la journée de la bonne humeur.

Règle n°5 :

Notre talent de styliste jamais vous ne critiquerez

Alors oui, bien sûr, nous n'avons pas les mêmes goûts vestimentaires. Vous avez des idées bien arrêtées sur la façon dont doivent être vêtus nos nains. Mais je pense que, parfois, vous avez la critique un peu facile. L'essentiel, c'est tout de même d'avoir quelque chose sur le dos, non ? Et puis, avouons-le, il y a deux/trois choses qui nous compliquent la tâche et qui ne sont pas de notre ressort. Par exemple, le fait que nos deux garçons mettent quasiment la même taille de vêtements n'aide vraiment pas à ne pas se tromper. C'est donc la raison pour laquelle, oui, parfois, le grand a l'air d'aller à la pêche aux moules tandis que le moyen pourrait être deux dans son tee-shirt. Ah oui, et cette manie de laisser dans la penderie des vêtements trop petits… C'est quand même débile, non ? Si un body est dans la pile des bodies, c'est qu'il est à la bonne taille, alors je ne comprends pas pourquoi je n'arrive pas à fermer les pressions… Je terminerai sur cette habitude que vous avez, mesdames, d'acheter des pyjamas qui ne ressemblent pas du tout à des pyjamas mais plutôt à de véritables vêtements. Comment savoir alors, le matin venu, que la petite dernière part à la crèche en chemise de nuit plutôt qu'en robe ??

Règle n°6 :

Notre odorat surdéveloppé par le changeage de couches peut être gêné…

Vous, vous avez l'habitude, en fait. Nous, ça nous dérange… Et puis, avec nos grandes paluches, nous risquons de nous en mettre partout. Déjà que nous pourrissons systématiquement la serviette de la table à langer… Et puis, je ne sais pas, c'est probablement dû à votre statut de mère, mais tout ça n'a pas l'air de vous déranger. Il n'y a qu'à voir comment vous épongez dignement le vomi. Respect.

Pour UNE FOIS chérie, essaye de comprendre ma mâlitude !
Un balai...
... mais pour quoi faire ???

LES BONS PLANS
DU NAIN

Les running-phrases de mes parents

Il y a des phrases, comme ça, tu as l'impression que tes parents passent leur temps à les prononcer. À les dire, à les rabâcher, à les hurler (parfois), à les scander sur tous les tons. À toute heure du jour (et parfois de la nuit). Le pire, c'est que mes parents ne sont pas les seuls à dire ces phrases... Normalement, elles feront écho chez toi, ami nain...

1) Je vais compter jusqu'à TROIS. UN.......DEUX.....TRRRRROIIIIIIIIIIS. Bon, ça suffit !

Ils aiment bien compter, les parents. Ça leur donne une contenance.
Il y a les nains qui ont un peu peur du comptage.
Il y a les nains qui s'en contrefichent.
Il y a ceux qui s'en contrefichent mais qui finissent par obéir parce que, quand même, on ne sait jamais.

3) Vous allez d'abord me ranger cette chambre !

On peut rêver. Quel intérêt ?
La chambre est un lieu de détente, un lieu de jeu, de pièges en tout genre et de circuits démentiels. Pas le jardin d'un vieux.

2) J'ai dit NON. Non, c'est non et puis c'est non parce que c'est NON.

Le parent agacé a une légère tendance à appuyer son NON de manière assez ridicule.

— ***Ze veux des nuggets!***
— *NON*
— ***Mais si, ze veux des nuggets.... au Mac Dooooooooo !***
— *J'ai dit NON, le Nain !*
— ***DES NUGGETS !!!***
— *J'ai dit NON, c'est non.*
— ***Pourquoi ?***
— *Parce que c'est NON.*

C'est ridicule. Surtout qu'en insistant un peu (décibellement parlant), on peut le transformer en « oui ».

4) Il est fatigué. On va rentrer, ils sont fatigués !

L'excuse du nain fatigué permet à tout parent d'excuser l'attitude honteuse du nain (supermarché, boutique de fringues classieuse dans laquelle on fait tomber les petits hauts des portants). Et permet également de repartir d'un dîner pénible en prétextant une fatigue sans nom du petit dernier. Le parent a une règle pour excuser auprès d'autrui notre comportement, il s'agit de la règle des 3 F : « Le nain est Fatigué et/ou Le nain a Faim = Le nain est Fiant. » Comme ça, il se dédouane. Du coup, nous, les nains, sommes souvent fatigués pour la bonne cause. Et nous avons souvent faim aussi...

5) Assieds-toi correctement

Quand les parents auront compris que notre fessier ne peut rester de face sur un siège, peut-être arrêteront-ils de nous dire de nous tenir correctement à table. Le fessier nainesque doit être obligatoirement en diagonale, en transverse, légèrement de côté et à moitié sorti. C'est normal, c'est au cas où nous aurions à partir précipitamment de table. De la même façon, nous aimons installer nos coudes sur la table (ou nos jouets) et il nous prend parfois comme une envie de nous vautrer. « Le parent redresse le nain, le nain s'affaisse. » C'est une propriété physique du nain, on ne peut rien y faire.

6) J'ai dit : « À taaaaable !! »

C'est quand le repas est prêt, c'est quand la table est mise, c'est quand tout est chaud et tout est bon, c'est quand vous, gentils parents, avez passé des plombes à faire des nuggets et des frites maison, que nous aimons, nous, les nains, jouer tranquillement ensemble. C'est bien simple, on ne nous entend pas. C'est juste exprès.

7) Dépêche-toi, on va être en retard (à l'école) !

Le parent est toujours en retard. C'est de sa faute, évidemment, il n'avait qu'à se lever plus tôt ou ne pas rester des heures aux toilettes et dans la salle de bain. Mais puisqu'il lui faut un coupable....

9) Tu goûtes au moins !

Ils le savaient, ils en étaient certains. Mais, quand même, ils ont tenté. Ces haricots vers dans mon assiette, posés comme des nénuphars dans un tableau de Monet...

— *Tu goûtes !*
J'entrouvre la bouche d'un air dégoûté.
Je mâchouille un quart de seconde.
Je simule un haut-le-cœur. Et recrache.
— ***Je t'ai déjà dit. J'aime pas.***
— *Bon, au moins t'as goûté, c'est bien.*

Le parent n'aime pas perdre la face.

8) Arrête d'embêter ton frère/ ta sœur

Encore un postulat nainesque de plus que tu connais bien, ami nain. Tout nain plongé en présence de frère ou de sœur ne peut s'empêcher de :

- vouloir absolument LE jouet dudit frère ou de ladite sœur (même si c'est pour l'abandonner deux mètres plus loin),
- titiller ledit frère ou ladite sœur qui jouait SEUL(E) et tranquillement,
- faire semblant de le taper (avec une peluche), faire semblant de lui voler son jouet... en bref, faire semblant pour faire réagir ledit frère (sans se mouiller). C'est normal.

Asséner un *« Arrête d'embêter ton frère ! »*, c'est inutile et le parent le sait. Mais ça ne mange pas de pain.

10) Mais CHUUUUT !

Non, nous ne parlons pas SI fort, c'est juste qu'il faut bien qu'on nous entende :

— *Regarde le nain, c'est quoi ça?*
— ***Tes zoreilles !***
— *Et ça sert à quoi ?*
— ***À entendre...***
— *Donc, je t'entends !*
— ***D'accord...***

Bon, là, je crois qu'il n'y a pas le choix, va falloir obéir...
1
2
3

ÉPILOGUE

Il y a...

Il y a les nuits blanches, les « Je ne veux pas dormir »,
les « Il fait trop noir dans ma chambre », les « Encore un dernier bisou ».

Il y a ces dents qui n'en finissent pas de sortir.

Il y a les « Maman revient ce soir te chercher, mon cœur »
et la porte qui se referme sur des larmes à peine contenues.

Il y a les « Dépêche-toi, l'école va fermer »
et les « Qu'est-ce que j'ai fait pour avoir des enfants pareils ? »

Il y a les colères, les caprices et les crises de larmes.

Il y a les 39,5 °C et les pipettes de Doliprane, les coups de téléphone
au médecin, aux urgences, et les heures passées dans des salles d'attente.

Il y a les nuits hachées menu et les réveils au radar,
les biberons à 6 h 14 alors que tout le monde dort encore.

Il y a le terrible two (et le three, et le four, et est-ce que ça s'arrête un jour ?).

Il y a tous ces films qu'on ne verra pas, tous ces restaurants
qu'on ne se fera pas, toutes ces siestes crapuleuses qu'on devra reporter.

Il y a tous ces moments de doute et d'angoisse.

Il y a le soutien et les critiques, les « Tu devrais plutôt faire ça ».

Il y a les « Je fais comme je peux ».

Mais il y a aussi les sourires chocolatés.

Il y a les courses poursuites dans le couloir, les hurlements de joie, les « Ça va mal finir ! » et les « Je vous l'avais bien dit ».

Il y a les tout premiers regards, ceux qu'on ne pourra jamais oublier, ces morceaux d'infini.

Il y a ces petites mains qui se referment sur nos grandes.

Il y a les « Pourquoi ? » et les « Pourquoi pourquoi ? »
Et les « Parce que c'est comme ça et puis c'est tout ! »

Il y a toutes ces premières fois où ils apprennent à devenir grands, loin de nous.

Il y a les tétées, les câlins, les serrés, les fous rires, tous ces moments où rien d'autre ne compte.

Il y a ce que je suis et ce qu'ils sont, ce qu'ils deviendront et ce qu'on s'efforce de leur donner.

Il y a ce que nous sommes devenus.

Il y a ce sentiment d'être au complet.

Les merci(s)
de Marie

Remerciements

Merci à toi pour eux et pour tout ce que tu sais, pour ce que nous avons fait et tout ce qui nous reste à faire, à vivre. *Même si on ne dort plus.*

Merci à eux, mes évidences, pour ce qu'ils sont et ceux qu'ils seront. *Même s'ils ne dorment pas.*

Merci à mes parents, pour l'humour et l'amour, pour avoir dit oui, pour avoir dit non, pour m'avoir laissé devenir ce que je devais être. *Même si ça m'a pris du temps.*

Merci à ma sœur et à mon frère, pour les cabanes et les fous rires, pour ce qui nous lie encore aujourd'hui. *Même si vous êtes un peu loin.*

Merci à ma mamie Lulu, pour les couvertures. *Même s'il y a un trou à rafistoler de temps en temps.*

Merci à mamie Jacqueline, pour les confitures. *Même si je devrais faire un régime.*

Merci à celles et à ceux qui ont été là, pour dire, pour soutenir et relayer, aux lectrices et aux lecteurs de toujours, je ne pourrai pas toutes et tous les citer mais elles, ils savent. *Même si Maryvonne, Laurence, Cathy, Olivia, Lill Julie, Cécile, Vincent, Nicolas, Armelle, Ségolène et toutes celles (et ceux) qui ont pris le temps d'écrire (ou non) un petit mot à mon attention.*

Merci à ceux qui prennent le temps de m'écouter devant un café ou au téléphone : Émeline, Marielle, Perrine, Elsa et Marie. *Même si je ne suis pas toujours présente et si on entend un peu trop les nains derrière moi.*

Merci à mes amis du clavier, devenus amis tout-court, Michael, Nadia, Natacha, Virginie, Isabelle, Sabine et Praline, Catherine, Isabelle (encore une), Séverine et Florence, Maïté, Aurélie, Cécile et Anne-Laure. *Même si je voudrais que vous soyez plus près.*

Merci à Thierry Lenain, que j'ai lu toute petite en me disant que c'était exactement ça que je voulais donner aux autres. *Même si je n'ai pas réussi à faire aussi bien.*

Merci à Valérie, mon éditrice, pour sa gentillesse, son humour (si si) et sa franchise. *Même si elle a fait des coupes franches dans mes textes.*

Merci beaucoup à tous ceux que j'oublie de nommer. Pour les conseils, les mots et les attentions.

Pour votre présence, tout simplement.

À ceux qui me réveillent la nuit.

« Avoir un enfant, c'est manifester un accord absolu avec l'homme. Si j'ai un enfant, c'est comme si je disais : je suis né, j'ai goûté à la vie et j'ai constaté qu'elle est si bonne qu'elle mérite d'être multipliée. »

Milan Kundera, *La valse aux adieux*

Babybel, BN, Bonne Maman, Cajoline, Danette, Doliprane, Duplos, Hello Kitty, Kinder, Kiri, Memory, Nutella, Pom'potes, Pringles, Roche-Bobois
sont des marques déposées.

www.editionsduchene.com
Responsable éditoriale : Valérie Tognali
Assistante éditoriale : Françoise Mathay
Directrice artistique : Sabine Houplain
assistée de Claire Mieyeville et Audrey Lorel
Conception graphique et réalisation : Frédérique de Redon
Lecture-correction : Valérie Mettais
Fabrication : Nicole Thiériot-Pichon
Partenariat et ventes directes : Claire Le Cocguen
clecocguen@hachette-livre.fr
Relations presse : Hélène Maurice
hmaurice@hachette-livre.fr

Photogravure : Quat'couls
Édité par les Éditions du Chêne
(43 quai de Grenelle, 75905 Paris Cedex 15)
Achevé d'imprimé en décembre 2012 par Estella Gráficas
(Ctra Estella Tafalla KM2, 31200 Estella Navarra, Espagne)
Dépôt légal : décembre 2012
ISBN 978-2-81230-711-9
32/3592/6-01